2023年中国农作物种业发展报告

CROP SEED INDUSTRY DEVELOPMENT REPORT IN CHINA

农业农村部种业管理司
全国农业技术推广服务中心　编
农业农村部科技发展中心

中国农业科学技术出版社

图书在版编目（CIP）数据

2023 年中国农作物种业发展报告 / 农业农村部种业管理司，全国农业技术推广服务中心，农业农村部科技发展中心编 . —北京：中国农业科学技术出版社，2023.9
ISBN 978-7-5116-6446-4

Ⅰ. ①2… Ⅱ. ①农… ②全… ③农… Ⅲ. ①作物—种子—农业企业—企业发展—研究报告—中国—2023 Ⅳ. ①F324.6

中国国家版本馆 CIP 数据核字（2023）第 179174 号

责任编辑	任玉晶
责任校对	王　彦
责任印制	姜义伟　王思文

出 版 者	中国农业科学技术出版社 北京市中关村南大街 12 号　　邮编：100081
电　　话	（010）82106641（编辑室）（010）82109702（发行部） （010）82109709（读者服务部）
网　　址	https：// castp.caas.cn
经 销 者	各地新华书店
印 刷 者	北京地大彩印有限公司
开　　本	210 mm×285 mm　1/16
印　　张	8
字　　数	183 千字
版　　次	2023 年 9 月第 1 版　2023 年 9 月第 1 次印刷
定　　价	180.00 元

版权所有·侵权必究

编审委员会

主　任：张兴旺

副主任：孙好勤　魏启文　李　岩

委　员：谢　焱　杨海生　储玉军　刘　信　张冬晓　邹　奎
　　　　　吴凯锋　王　杖　陶伟国　何庆学　王玉玺　金石桥
　　　　　张力科　曾　波　李荣德　唐　浩　张秀杰　张延秋
　　　　　蒋协新　马淑萍　邓光联　李立秋　宁明宇　郭　涛
　　　　　田伟红　王以中　黄生斌　车晓勇　郭云峰　严春晓
　　　　　王永波　阴埝埝　杨　军　王　刚　苏敏莉　李　磊
　　　　　董书权　杨洪明　刘振蛟　李　伟　邢海军　陈昕来
　　　　　武向文　马爱京　毛从亚　林宝义　施俊生　周　策
　　　　　傅应军　林金华　赵杰樑　刘　翔　陈河云　高传杰
　　　　　王文涛　江传杰　滕开琼　段志红　郑洪林　蔡义东
　　　　　宋志荣　刘中国　罗国武　钟志坚　祁广军　郭烈钟
　　　　　邱　军　骆凤玲　刘君绍　沈　丽　马　晖　高　捷
　　　　　张钟亿　徐象国　殷长生　翟军海　范东晟　杨玉杰
　　　　　吕小瑞　韩文婷　毛建梅　亢建斌　李培贵　杨关勇
　　　　　雷　海　隆　英　侯新河

编写委员会

主　编： 谢　焱　杨海生　李　岩　刘　信

副主编： 张冬晓　张力科　唐　浩　刘春青　马文慧

编写人员（按姓氏笔画排序）：

于　维	马广华	马志宇	马泽众	马　新	王术坤	王妍卿
王京京	王闽东	王　敏	王　琪	王　然	王韶红	王　磊
邓　伟	邓　超	厉建萌	史建民	史梦雅	白　岩	邢诗晗
任玉晶	任欣欣	任星旭	任雪贞	全瑞兰	刘丰泽	刘丹丹
刘　华	刘　建	刘建喜	刘禹夫	刘　衍	刘晓鑫	刘鹏魁
许祖革	孙立华	孙　全	孙夜晴	李友强	李文丽	李立望
杨　扬	杨宗康	肖显超	吴文雄	吴样孙	何明杰	何俊燕
余廷海	余晓慧	辛　迪	宋　伟	宋　敏	张　田	张华颖
张　岩	张素青	张晓飞	张晓霞	张笑晴	张　萌	张　琦
张萱蓉	张　慧	陈应志	陈其俊	陈彦清	陈新康	陈璞睿
范会霞	罗凯世	钏秀娟	周　华	周晓鹏	周赛群	郑　智
郑　强	孟建民	赵国全	赵建宗	钟　波	侯　乾	逄晓萌
饶泉钦	姜振东	洪　露	骆宗强	秦德均	晋　芳	夏云飞
徐　瑶	高建新	高　磊	郭慧杰	唐　亮	唐晓贞	唐嘉城
堵苑苑	黄铃冰	黄新闻	曹国勋	符　娜	隋　心	彭　涛
韩瑞玺	景　琦	傅友兰	谢　卿	靖　飞	楼坚锋	雷　军
廖　媛	谭景月	燕　丽				

目 录

第一篇　主要发展成效 …………………………………… 1
一、建体系、促利用，种质资源支撑能力全面提升 ………………… 1
二、举合力、强攻关，种业科技创新能力稳步增强 ………………… 2
三、明方向、聚要素，企业市场主体地位日益凸显 ………………… 3
四、强投入、优布局，基地供种保障能力不断夯实 ………………… 4
五、建制度、严执法，种业市场营商环境持续优化 ………………… 5

第二篇　种业科技创新 …………………………………… 7
一、科技创新成果 ……………………………………………………… 7
二、农作物种质资源收集保护与评价利用 …………………………… 26
三、农业微生物种质资源收集保护与评价利用 ……………………… 29
四、国家良种重大科研联合攻关研究进展 …………………………… 29

第三篇　种子生产与推广 ………………………………… 31
一、主要农作物种子生产情况 ………………………………………… 31
二、重要农作物种子使用情况 ………………………………………… 38
三、重要农作物种子价格与市值 ……………………………………… 46
四、农作物品种推广状况 ……………………………………………… 57
五、农作物种子市场经营备案情况 …………………………………… 63

第四篇　种子企业发展 …………………………………… 69
一、总体情况 …………………………………………………………… 69
二、骨干种子企业发展情况 …………………………………………… 84
三、育繁推一体化企业经营情况 ……………………………………… 87
四、瓜菜种子企业经营发展情况 ……………………………………… 88
五、各地种子企业经营发展情况 ……………………………………… 91

第五篇　种业管理与服务 ··· 96
一、种子管理体系 ··· 96
二、品种管理 ··· 104
三、市场监管 ··· 107
四、种业信息服务 ··· 109
五、南繁建设 ··· 111
六、行业协会服务 ··· 112
七、国际交流合作 ··· 113

附　录 ·· 114
附录一　2022年种子工作文件 ······································· 114
附录二　指标解释 ··· 116

第一篇　主要发展成效

党的二十大提出了加快建设农业强国、全方位夯实粮食安全根基的重大任务，明确要求深入实施种业振兴行动，确保中国人的饭碗牢牢端在自己手中。习近平总书记强调把种业振兴行动切实抓出成效，把当家品种牢牢攥在自己手里。各地各有关部门认真贯彻落实中央决策部署，全国人大、全国政协、最高人民法院及最高人民检察院都给予了多方面的关心指导支持，地方党委政府贯彻党政同责要求迅速行动抓落实，制定出台种业振兴行动实施方案。2022年，各级农业农村部门积极牵头谋划落实，会同有关部门群策群力、共同推进，社会各界积极参与，合力推进种业振兴五大行动进展顺利。扎实开展全国农业种质资源普查，资源战略安全保存能力明显提升；统筹推进种业创新攻关，一些关键技术和重大品种取得突破；构建国家种业企业阵型，种业振兴骨干力量初步形成；布局建设国家级农作物种业基地，供种保障能力明显提升；开展市场净化专项行动，种业知识产权保护力度持续加大。种业振兴行动在良好开局基础上又迈出了坚实一步。

一、建体系、促利用，种质资源支撑能力全面提升

（一）种质资源普查实现预期目标

2022年，在山西等14个省（区）和新疆生产建设兵团（简称"新疆兵团"）等的188个县（市、区、旗）开展农作物种质资源系统调查和抢救性收集，全面完成2 323个农业县的面上普查，基本完成679个县的重点调查，新收集引进粮、棉、油、果、蔬、糖、茶、桑、麻等155类作物309个物种的14 531份种质资源，完成各类作物资源编目入库6 897份。截至2022年年底，累计新收集种质

资源 12.4 万份，超出计划数 2 万份，我国农作物种质资源长期保存总量达 539 134 份，其中国家农作物种质资源库长期保存 463 519 份，国家种质圃保存 75 615 份，保存总量稳居世界第二位。

（二）种质资源保护体系更加完善

2022 年，农业农村部公告确定了第一批 72 个国家级农作物种质资源库（圃），按照国家统筹、分级负责、有机衔接的原则，构建了以国家长期库为核心，以复份库、中期库、种质圃和原生境保护区为依托，以省级资源库（圃）为补充的农作物种质资源保护体系。国家作物种质资源新库建成并投入运行，战略保存能力达到 150 万份，居世界领先水平。

（三）种质资源共享利用扎实推进

2022 年，农业农村部公告发布首批可供利用农作物种质资源目录，涉及 48 种农作物共计 2 万份，同步开发种质资源共享利用信息系统，实现资源信息快速查询、网上便捷申请，提高了资源分发效率。印发《农作物种质资源共享利用办法（试行）》，建立库（圃）分发激励和利用反馈约束机制，推动共享利用规范实施。农业农村部农作物种质资源保护与利用中心印发了《农作物种质资源登记细则（试行）》，加快收集散落在科研单位、种业企业和育种家手中的种质资源信息，并集成在共享利用系统用于育种创新，目前试点工作已经启动。据统计，近几年国家库（圃）每年分发的资源都在 10 万份次以上，服务各类育种创新主体超过 1 600 个，展示具有利用潜力的优异资源 1.2 万份左右，为支撑我国科研育种、重大种业成果产出和国家粮食安全提供了种质资源保障。

二、举合力、强攻关，种业科技创新能力稳步增强

（一）新一轮育种联合攻关顺利实施

2022 年，印发《国家育种联合攻关总体方案》，将短生育期油菜、再生稻、耐盐碱作物育种等纳入攻关范围，组织召开工作推进会，着力打造以十大优势企业自主联合攻关为塔尖、以十大主要粮食和重要畜禽联合攻关为塔身、以 64 个重要特色物种联合攻关为塔基的"金字塔"式国家育种攻关阵型。强化企业创新主体地位，支持袁隆平农业高科技股份有限公司、北京大北农科技集团股份有限公司等企业牵头组建创新联合体，联合国内优势科研单位，组织开展玉米、大豆等育种协同攻关，加快推进优质高产专用水稻小麦、高油高产大豆油菜、高产耐密宜机收抗病抗逆耐瘠薄玉米等新品种选育。

（二）种业科技创新水平显著提高

2022 年，我国科学家在作物遗传育种研究领域取得突出进展，在 40 余种影响因子 4.0 以上的涉及作物遗传育种领域的期刊上发表论文共计 1 336 篇，以第一作者在 NATURE、CELL 等国际一流期刊上发表论文 29 篇。种业专利申请 12 096 件、授权 10 428 件，现代育种领域专利授权数量增幅高达 34%。农业植物品种权申请量达到 11 199 件，再创历史新高，年度申请量在国际植物新品种保护联盟（UPOV）各成员中连续六年居首位，境内种子企业持续保持申请主体优势地位。主要农作物品种审定数量 6 473 个，非主要农作物登记公告品种 3 430 个，品种创新取得丰硕成果。

三、明方向、聚要素，企业市场主体地位日益凸显

（一）振兴骨干力量初步形成

农业农村部办公厅印发《关于扶持国家种业阵型企业发展的通知》，根据企业创新能力、资产实力、市场规模、发展潜力等情况，遴选袁隆平农业高科技股份有限公司等270家企业为国家种业阵型企业，其中农作物种业阵型企业69家。推动阵型企业与科研单位、金融机构、种业基地"三对接"，引导创新要素向企业集聚，着力打造航母型领军企业、"隐形冠军"企业和专业化平台企业。中国农业科学院与先正达集团中国、北京大北农科技集团股份有限公司，中国农业大学与中信农业科技股份有限公司、北京首都农业集团有限公司等，深化科企战略合作，助力企业提升创新研发能力；现代种业基金增资至25亿元，河南、江西等省设立种业发展基金，加大企业投资合作。先正达集团中国、袁隆平农业高科技股份有限公司稳居世界农作物种业企业前十强，广东、浙江、四川、河北等14个省份相继组建省级种业集团，提升行业集中度和竞争力，推动企业做优做强做大，种业振兴市场主体骨干力量初步形成。

（二）结构分布更加优化

2022年，我国育繁推一体化、经营有效区域为全国的企业增至129家，销售额前十企业商品种子销售额较2021年增长22.46%，同期全行业增长19.42%，杂交水稻、大田玉米和小麦种子前十销售额占比均较2021年提高。2022年，包装销售本企业种子的企业为7 020家，占比为86.04%，占比提高1.29个百分点；销售其他企业商品种子收入占种子销售收入50%以上的企业926家；有代制（繁）种子销售的企业1 115家；代制（繁）种子销售收入占种子销售总收入比例超过50%的企业有575家。资产规模超过2亿元的企业有263家，较2021年增加24家，占比提高0.11个百分点；种子销售收入超过1亿元的企业有227家，较2021年增加54家，占比提高0.53个百分点。

（三）综合实力稳步提升

2022年，全国种子企业资产总额达到3 069.40亿元，比2021年增加16.24%。种子企业净资产总额1 619.67亿元，比2021年增加8.02%。种子企业固定资产总额704.60亿元，比2021年增加18.42%。全国种子企业共实现种子销售收入1 062.25亿元，比2021年增加20.71%。种子销售收入超过1亿元的企业227家，超过2亿元（含）的81家，超过5亿元的18家，超过10亿元的9家，超过20亿元的3家。全国种子企业实现利润总额111.23亿元，其中种子经营利润73.57亿元，比2021年增加13.03亿元。种子企业实现净利润总额106.71亿元，其中种子经营净利润77.87亿元，较2021年增加14.61亿元。行业利润率保持平稳，与2021年基本持平，净资产收益率继续上涨至6.59%。

（四）科研投入持续加大

2022年，我国种业企业愈发重视科研创新，自主科研投入不断加大。2022年规模企业科研投入

达 48.41 亿元，比 2021 年增加 6.70 亿元，再创历史新高；规模企业自主科研投入 42.28 亿元，占规模种子企业科研总投入的 87.33%，较 2021 年增加 12.18%，企业已经成为种业科研投入的主导力量。大量科研经费的投入，吸引了大批高水平育种人才加入种业研发队伍。截至 2022 年年底，我国种子企业科研人员总数达到 33 248 人，占总人数的 22.76%，较 2021 年提高 0.19 个百分点；2022 年，种子企业通过国家审定品种数占总数的 73% 以上，通过省级审定品种数占总数的 57% 以上，其中杂交玉米企业国家审定品种数占比 84.9%，杂交水稻企业国家审定品种数占比 77.8%，过去始终以国有科研机构为主的小麦，企业国家审定品种数占比达 50%，较 2021 年提高 10 个百分点以上。种子企业申请植物新品种权数量和授权植物新品种数量均占总数的 53% 以上，为种业发展可持续提供绿色优质新品种和高质量种子供给奠定了坚实基础。

四、强投入、优布局，基地供种保障能力不断夯实

（一）种业基地提升迈出新步伐

开展新一轮国家级制种基地认定，新认定 96 个制种大县和 20 个区域性良种繁育基地，总数达到 216 个，进一步向大豆、小麦、油菜等粮油作物倾斜，实现了粮、棉、油、糖、果、菜、茶、药等作物全覆盖，主产区全覆盖。召开基地提升工作推进会，印发《加快推进种业基地现代化建设的指导意见》，启动黑龙江国家大豆种子基地建设规划编制，持续推进四川、甘肃、海南等国家级制种基地建设。落实制种大县奖励资金 20 亿元，完善条件、扩大规模、提升能力，加大对大豆、油料制种大县奖励力度。推动县企结合共建、产业链完善提升，供种保障能力由 70% 提升到 75%。

（二）生产用种需求有效保障

2022 年，全国杂交玉米制种面积 365 万亩[①]，比 2021 年增加 93 万亩，增幅为 34%，新产种子 13.6 亿千克，增幅为 31%；杂交水稻制种面积 197 万亩，增幅 25%，总产 2.8 亿千克，与 2021 年基本持平；常规水稻繁种面积 228 万亩，总产 11.8 亿千克；冬小麦繁种面积 1 087 万亩，总产 48.5 亿千克；棉花繁制种面积 169 万亩，总产 1.8 亿千克；马铃薯繁种面积 209 万亩，总产 43.0 亿千克；大豆繁种面积 511 万亩，总产 8.8 亿千克；冬油菜繁制种面积 24 万亩，总产 2 546 万千克。各类作物种子有效供给量均超过 2023 年的商品种子需求总量，有效保障了 2023 年农业生产用种需求。

（三）良种应急保障体系健全

2022 年，依托种情监测调度体系及全国种子市场观察点，强化种业市场运行动态监测，组织开展主要农作物种子供应和用种需求调度，确保市场运行平稳、有序供应。目前，除西藏和青海外，省级储备制度已实现全覆盖，基本形成国家级储备与省级储备相互补充、协调配合的两级储备体系，国家级储备侧重于备荒、省级储备侧重于救灾，共同保障我国农业用种安全。每年国家级储备安排

---

① 1 亩≈667 平方米，1 公顷 =15 亩，下同。

5 000万元资金落实救灾种子1 000万千克、备荒种子4 000万千克，省级储备安排近1亿元落实救灾备荒种子近5 000万千克。针对异常极端天气影响，及时组织动用储备种子，全年批准江西、江苏、湖北、浙江、山东等省份动用储备种子358.5万千克，保障了大田用种安全。

五、建制度、严执法，种业市场营商环境持续优化

（一）法律法规制度进一步完善

新修改的《中华人民共和国种子法》（简称《种子法》）于2022年3月1日实施，扩展了植物新品种保护范围和保护环节，建立了实质性派生品种制度，激励了原始创新。2022年3月30日，农业农村部会同全国人大农业与农村委员会在北京组织召开《种子法》实施座谈会，全国人大吉炳轩副委员长、农业农村部唐仁健部长出席并讲话，对贯彻落实工作进行了再研究、再部署。修订《主要农作物品种审定办法》《农业植物品种命名规定》，明确了转基因品种审定程序要求；完善了品种审定回避制度，制定并印发《关于加强落实品种审定回避制度的通知》，全面加强审定工作的严肃性和权威性；开通了国家级转基因玉米、大豆品种试验渠道，在品种、布局和方案上与生物育种重大项目多点鉴定全面衔接，实现总体设计、分头实施、一体运行；国家农作物品种审定委员会发布国家级转基因大豆、玉米品种审定标准，为后续开展转基因品种审定工作做出充分的制度准备。

（二）品种管理进一步规范

2022年，组建了新一届国家农作物品种审定委员会，严格规范品种审定登记管理。一是规范品种审定试验。针对个别省份在品种审定试验中存在违规缩减试验环节、种植面积等问题，印发《关于省级品种审定有关情况的通报》，坚决把问题督促整改到位，切实维护品种审定的权威性。二是严格监管"两个通道"。针对绿色通道、联合体试验管理不规范等问题，印发《关于加强主要农作物品种绿色通道和联合体试验管理工作的通知》，组织开展专项整治，健全试验主体退出机制，切实规范两个通道。三是加强非主要农作物登记管理。2022年在向日葵清理基础上，又启动了黄瓜、甜瓜登记品种清理，公告撤销黄瓜、甜瓜、向日葵等登记品种560个。新建专家协助审查品种命名和品种登记情况通报机制，继续实施符合性验证，启动修订《非主要农作物品种登记办法》和《非主要农作物品种登记指南》，针对发现问题和薄弱环节，在制度层面进行规范完善，努力提高品种登记工作规范性。

（三）制假售假违法行为得到有效遏制

2022年，农业农村部会同最高人民法院、最高人民检察院、公安部等单位和部门联合印发《关于保护种业知识产权打击假冒伪劣套牌侵权营造种业振兴良好环境的指导意见》，配合最高人民法院出台进一步加强涉种子刑事审判工作的指导意见，明确涉及种业违法犯罪的法律适用，提高了涉种子违法犯罪行为的刑事打击力度。印发了《2022—2023年全国种业监管执法年活动方案》和《农业农村部办公厅关于加强种子基地监管严厉打击"私繁滥制"等违法违规行为的通知》，发布了2022年

农业植物新品种保护十大典型案例，严查违法违规生产经营行为，保障生产用种安全。全年累计检查门店、企业和制种基地34.1万个，抽查检测种子样品9.82万个，其中，对6 747个样品开展了品种真实性检测、对2.72万个样品开展了种子转基因成分检测。针对套牌侵权案件，各地严格执法，重拳打击。浙江侦破"甬优"系列水稻品种侵权案，抓获犯罪嫌疑人7名，涉案金额157万元；甘肃张掖农业执法部门组织销毁侵权在田制种玉米50余亩和违法转移玉米种子10余吨；海南农业农村、公安部门联合开展西甜瓜种子专项执法，立案6起，查扣涉案种子16 000余袋，价值300余万元；河北破获特大生产销售伪劣种子案，涉案金额2 000余万元；河南破获玉米假种子案，涉案金额300万元。通过这些大案要案的查办，有力震慑了涉种违法分子，形成了严厉打击套牌侵权、制售假劣种子等违法行为的高压态势。

第二篇　种业科技创新

一、科技创新成果

(一) 种业专利[①]

1. 总体概况

2022年，我国共公开种业专利申请12 096件，与2021年相比减少1 985件，降幅为14.10%。其中，发明专利申请6 060件，占申请总量的50.10%，同比减少858件；实用新型专利申请6 036件，占申请总量的49.90%，同比减少1 127件（图2-1）。

图2-1　2018—2022年种业专利申请情况

---

① 专利数据来源于Incopat数据库。

2022年，我国授权种业专利10 428件，与2021年相比减少384件。其中，发明专利授权4 392件，占授权总量的42.12%，同比增加743件；实用新型专利授权6 036件，占授权总量的57.88%，同比减少1 127件（图2-2）。

图2-2　2018—2022年种业专利授权情况

2. 专利技术领域分布

与2021年相比，2022年传统育种和现代育种领域的授权量分别增加了4.53%和33.88%，其他均有所下降。具体分布情况见图2-3。

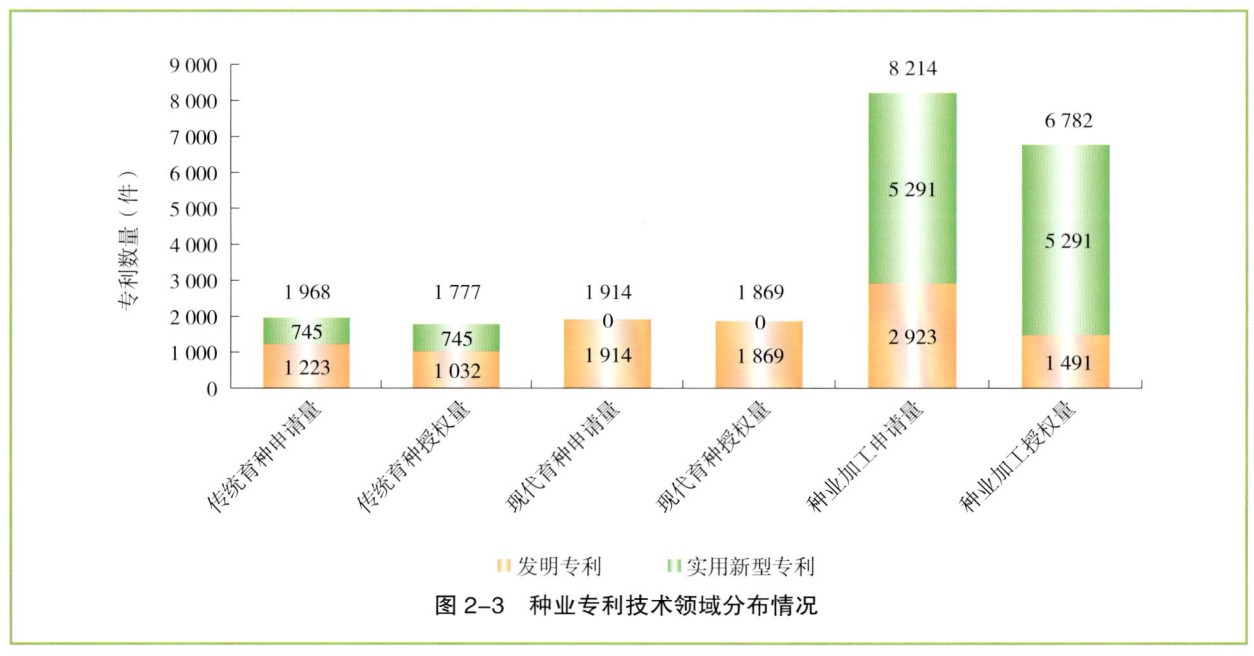

图2-3　种业专利技术领域分布情况

3. 专利主体分布

2022 年，在公开的种业专利申请中，教学科研单位申请最多，申请量为 5 499 件，占总量的 45.46%，与 2021 年相比减少了 33 件。

2022 年，在公开的获得授权的种业专利中，教学科研单位同样位居首位，授权量为 4 769 件，占总量的 45.73%，与 2021 年相比增加了 515 件。具体分布情况见图 2-4。

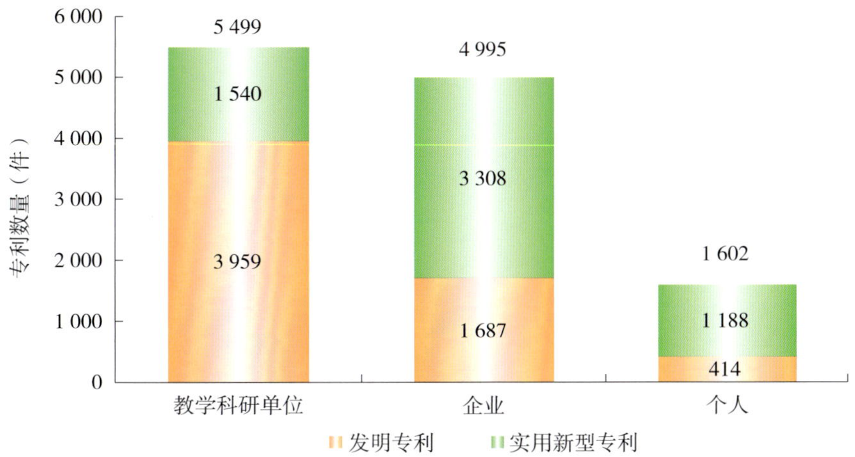

a.不同主体专利申请数量分布情况

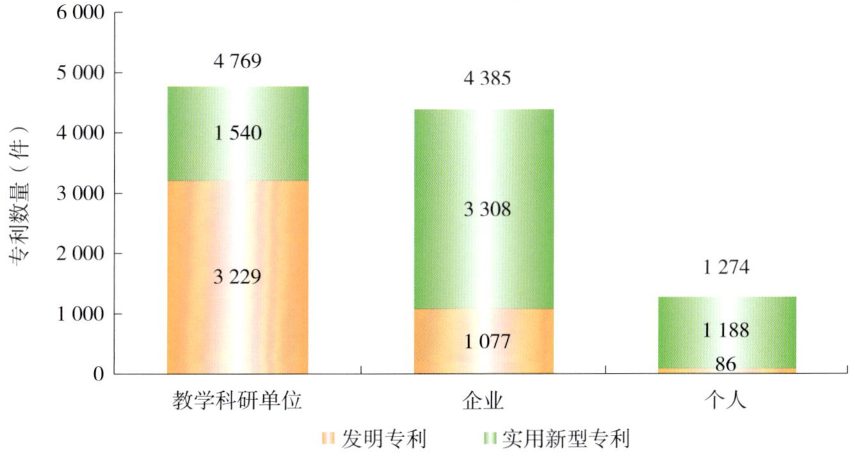

b.不同主体专利授权数量分布情况

图 2-4　2022 年各主体专利申请与授权数量分布情况

4. 国别分布

2022 年，国内主体申请种业专利 11 808 件，占申请总量的 97.62%；获得授权种业专利 10 216 件，占授权总量的 97.97%。国外主体共申请种业专利 288 件，占申请总量的 2.38%；获得授权专利 212 件，占授权总量的 2.03%。具体分布情况见图 2-5。

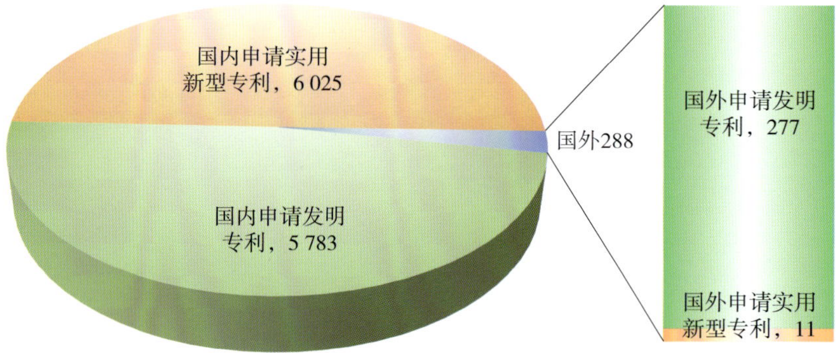

a. 种业专利申请构成情况

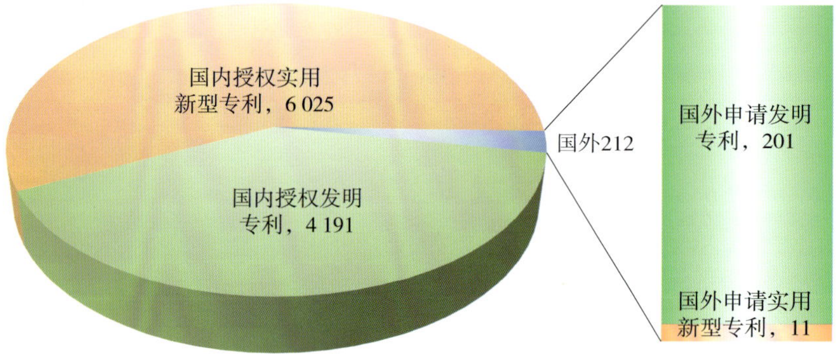

b. 种业专利授权构成情况

图 2-5 种业专利国别分布情况

5. 地域分布

2022年，前10位的省（市）申请与获得授权种业专利的国内主体总量分别占国内申请和授权总量的58.43%和59.29%。山东的申请量和授权量均位居全国首位，分别占国内申请和授权总量的10.36%和11.38%。具体分布情况见表2-1。

表 2-1 国内申请和授权专利数前十省（市）

省（市）	申请量（件）			省（市）	授权量（件）		
	总量	发明	新型		总量	发明	新型
山东	1 223	416	807	山东	1 163	356	807
江苏	1 028	611	417	江苏	908	491	417
安徽	672	334	338	广东	550	278	272
广东	638	366	272	河南	549	240	309
黑龙江	637	221	416	安徽	537	199	338
浙江	565	408	157	黑龙江	521	105	416

（续表）

省（市）	申请量（件）			省（市）	授权量（件）		
	总量	发明	新型		总量	发明	新型
北京	560	489	71	北京	516	445	71
河南	550	241	309	湖北	456	221	235
云南	534	231	303	云南	445	142	303
湖北	492	257	235	浙江	412	255	157

6. 申请及授权主体分布情况

2022年，中国农业大学和南京农业大学分别位列申请量及授权量首位（表2-2）。

表2-2 申请和授权专利数前十单位

排序	申请人	申请量（件）	权利人	授权量（件）
1	中国农业大学	132	南京农业大学	115
2	西北农林科技大学	95	华中农业大学	101
3	华中农业大学	94	中国农业大学	87
4	东北农业大学	79	西北农林科技大学	80
5	华南农业大学	70	中国农业科学院作物科学研究所	73
6	浙江大学	68	浙江大学	70
7	广西壮族自治区农业科学院	64	广西壮族自治区农业科学院	66
8	甘肃农业大学	63	华南农业大学	62
9	南京农业大学	63	东北农业大学	60
10	山东农业大学	60	安徽农业大学	57
			四川农业大学	57

7. 专利转让、许可、质押情况

2022年，在公开的申请专利中，共有95件专利进行了转让，6件专利进行了许可，12件专利进行了质押。

2022年，在公告的授权专利中，共有367件专利进行了转让，45件专利进行了许可，23件专利进行了质押。

8. 种业领域国际专利申请

2022年，共公开我国申请人通过专利合作条约（PCT）和巴黎公约两种方式申请国际发明专利210件，其中PCT申请128件，巴黎公约申请82件。

（二）种业科技论文

2022年，中国科学家在作物遗传育种研究领域取得了较大进展，在国际各大著名学术刊物上发表了众多高水平的科技论文，其中在40余种影响因子4.0以上的涉及作物遗传育种领域的期刊上发表论文共计1 336篇。我国科学家发表论文的主要期刊分布如图2-6所示。

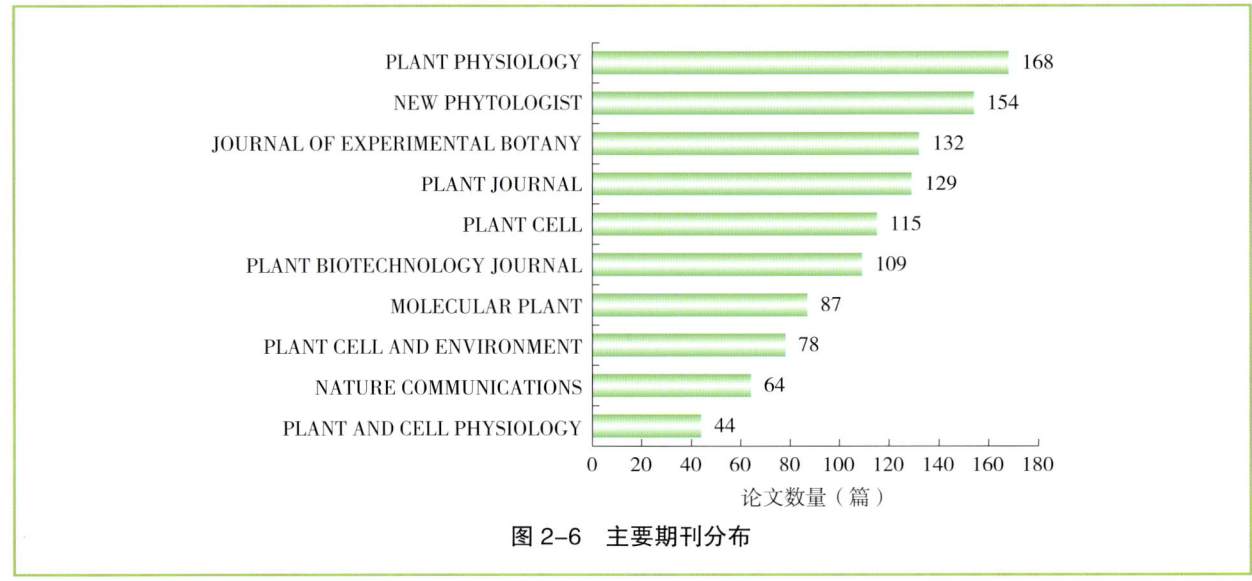

图2-6　主要期刊分布

1. 高水平论文发表情况

中国科学家以第一作者在一流期刊NATURE（影响因子69.504）发文11篇、NATURE BIOTECHNOLOGY（影响因子68.164）发文3篇、CELL（影响因子66.850）发文4篇、SCIENCE（影响因子63.832）发文8篇、CELL RESEARCH（影响因子46.351）发文3篇（表2-3）。

表2-3　高水平期刊论文发表情况

期刊来源	文章题目	第一作者单位
NATURE	Architecture of the chloroplast PSI-NDH supercomplex in Hordeum vulgare	中国科学院
	Revitalize China's cotton industry	中国农业科学院
	Structures and mechanisms of the Arabidopsis auxin transporter PIN3	浙江大学
	Genome evolution and diversity of wild and cultivated potatoes	中国农业科学院
	Structural insights into auxin recognition and efflux by Arabidopsis PIN1	中国科技大学
	Graph pangenome captures missing heritability and empowers tomato breeding	中国农业科学院
	THP9 enhances seed protein content and nitrogen-use efficiency in maize	中国科学院
	Genome-edited powdery mildew resistance in wheat without growth penalties	中国科学院
	A plant-derived natural photosynthetic system for improving cell anabolism	浙江大学
	An arms race between a plant and a virus	南京农业大学
	Plant receptor-like protein activation by a microbial glycoside hydrolase	清华大学
NATURE BIOTECHNOLOGY	Targeting a gene regulatory element enhances rice grain yield by decoupling panicle number and size	中国科学院
	An engineered prime editor with enhanced editing efficiency in plants	中国科学院
	The role of transposon inverted repeats in balancing drought tolerance and yield-related traits in maize	华中农业大学

（续表）

期刊来源	文章题目	第一作者单位
CELL	The Chinese pine genome and methylome unveil key features of conifer evolution	北京林业大学
	Inactivation of a wheat protein kinase gene confers broad-spectrum resistance to rust fungi	西北农林科技大学
	A plant immune protein enables broad antitumor response by rescuing microRNA deficiency	北京大学
	Extracellular pH sensing by plant cell-surface peptide-receptor complexes	南方科技大学
SCIENCE	Convergent selection of a WD40 protein that enhances grain yield in maize and rice	中国农业大学
	Transboundary conservation's rise	复旦大学
	RALF peptide signaling controls the polytubey block in Arabidopsis	北京大学
	A genetic module at one locus in rice protects chloroplasts to enhance thermotolerance	中国科学院
	A transcriptional regulator that boosts grain yields and shortens the growth duration of rice	中国农业科学院
	TIR-catalyzed ADP-ribosylation reactions produce signaling molecules for plant immunity	清华大学
	NIN-like protein 7 transcription factor is a plant nitrate sensor	西北农林科技大学
	Identification and receptor mechanism of TIR-catalyzed small molecules in plant immunity	清华大学
CELL RESEARCH	Producing hybrid seeds like conventional rice	中国科学院
	A super pan-genomic landscape of rice	中国农业科学院
	A spontaneous thermo-sensitive female sterility mutation in rice enables fully mechanized hybrid breeding	香港浸会大学

2. 论文涉及主要作物类型分布

在上述发表的1 336篇论文中，我国科学家以水稻和拟南芥为主要研究作物，其相关研究论文数占论文总数的38.40%。具体研究作物类型分布情况见图2-7。

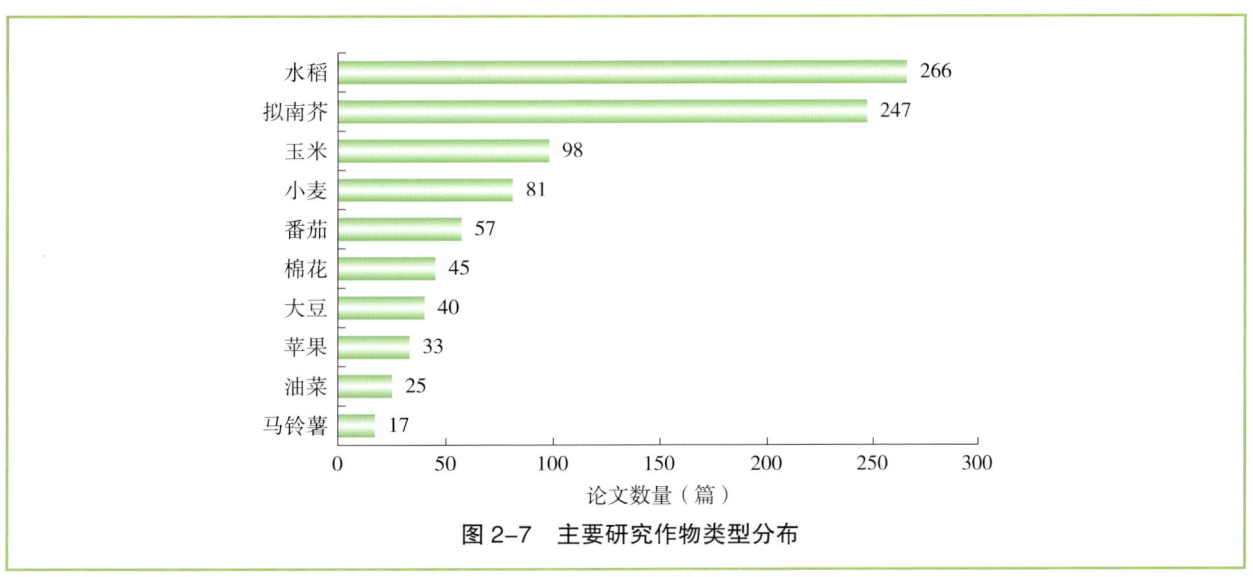

图2-7 主要研究作物类型分布

3. 发表论文的研究机构分布

2022年，作物遗传育种领域我国主要科技论文发表机构分布如图2-8所示，其中中国科学院以580篇居首位，占总量的43.41%。

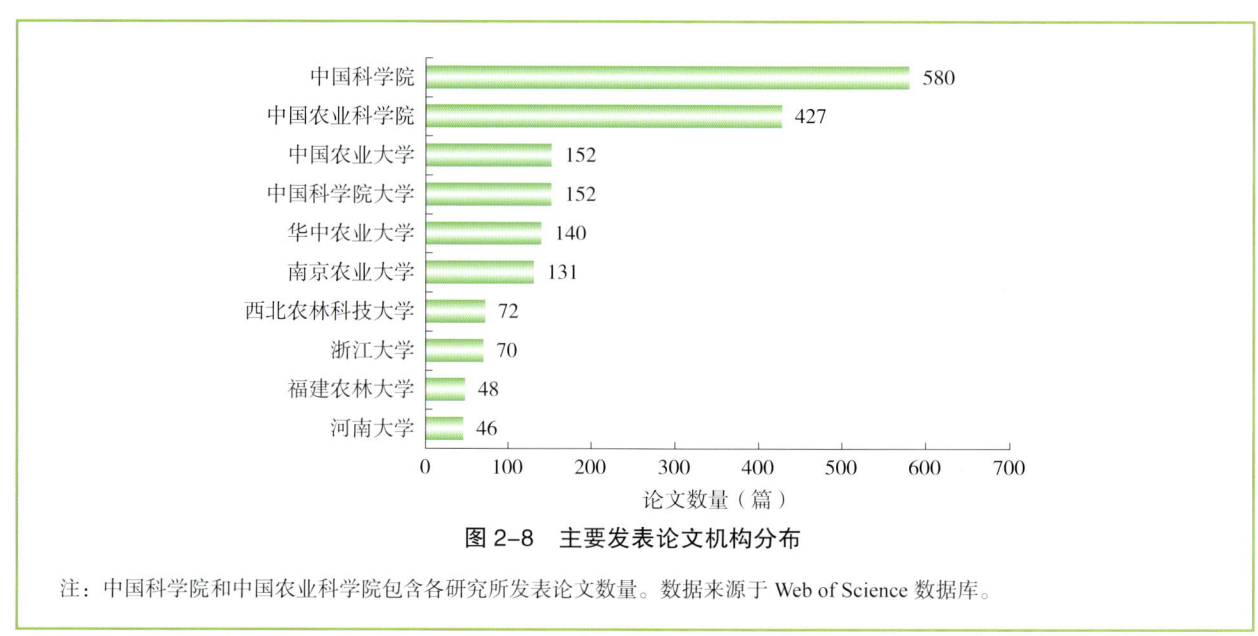

图2-8 主要发表论文机构分布

注：中国科学院和中国农业科学院包含各研究所发表论文数量。数据来源于Web of Science数据库。

（三）科技创新获奖情况

2022年9月29日，农业农村部公布了2019—2021年度全国农牧渔业丰收奖评奖结果，其中51个项目涉及种业，详情见表2-4至表2-6。

表2-4 2019—2021年度全国农牧渔业丰收奖农业技术推广成果奖一等奖种业相关项目名单

序号	项目名称	第一完成单位	第一完成人	主要完成人
1	南粳系列优良食味粳稻品种选育与推广	江苏省农业科学院	张亚东	张亚东，王才林，霍中洋，刘云飞，张明伟，谢静静，蒋步银，马长青，张锋，陈斌，李莲，唐进，尹建国，朱鹏飞，俞同军，盛明，孙竞，顾月萍，季文祥，徐亚军，周立洋，徐竹平，陈慧，徐勤洲，蔡正荣
2	抗逆稳产高产优质小麦新品种百农207选育与推广	河南科技学院生命科学学院	欧行奇	欧行奇，周继泽，马珂，何鸿举，李新华，焦涛，任秀娟，乔红，徐朋朋，谢金良，刘静，李西臣，欧阳娟，王紫娟，崔金胜，张帅垒，欧阳锐锋，崔世慧，郭相博，张德富，梅森，姬东华，曹法国，李玉琛，袁文勇
3	DNA指纹技术在杂交水稻品种真实性和种子纯度鉴定的研究与应用	安徽省农业科学院水稻研究所	汪秀峰	汪秀峰，杨剑波，倪金龙，马卉，许学，杨亚春，张毅，黄艳玲，周桂林，张雯，范家萌，汪和廷，李长安，王家红，张增环，陈玲，郑好贤，沈宏扬，喻菊霞，王凯，陈少工，都昌华，韦成贵，钱成柱，张晓光
4	抗病优质超级稻品种宜香优2115的选育及推广应用	四川农业大学	黄富	黄富，岳元文，李德强，江青山，曾波，许志宇，任万军，周虹，王旭，徐魏，王芳，何刚，戚容，魏立国，杜泽勇，胡强，刘建勇，王文华，甘瀚文，张蓝锋，罗忠伟，罗伟光，肖雪琴，刘吉堂，钟长春

（续表）

序号	项目名称	第一完成单位	第一完成人	主要完成人
5	国审利禾玉米新品种选育与推广	内蒙古利禾农业科技发展有限公司	左慧忠	左慧忠，苏敏莉，宁朝辉，纪玉忠，仲澎，李丽君，付金宁，张立峰，胡泽光，王建富，苗永茂，王志国，罗丽萍，张文博，王亚鑫，李微，齐季，额尔敦达来，张俊梅，付宝峰，刘永富，刘景云，王华，蔡建平，陈旭
6	玉米品种分子检测技术研发创新与应用推广	北京市农林科学院	易红梅	易红梅，田红丽，邱军，王蕊，晋芳，王凤格，赵久然，葛建镕，许理文，刘亚维，李涛，霍秀爱，郭延玲，魏艳敏，顾勇，卢东林，颜理想，张立鑫，周保疆，王鸿莉，林建，刘文江，樊金瑞，刘兴平，张勇军
7	菜用型马铃薯系列新品种选育与产业关键技术研究及应用	西南大学	吕典秋	吕典秋，黄振霖，赵雨佳，欧建龙，陈家吉，徐茜，刘勋，周克友，周见，江金明，夏波，佘兴蓉，袁文斌，张玉康，许辉霞，李辉平，丁金霞，刘晓菱，向兵，曾昌平，孙晓亮，何莫春，李克禹，向可梅，孙全兰
8	高产优质出口抗逆性强系列花生新品种引进选育及大面积推广	青岛市农业技术推广中心	吴兰荣	吴兰荣，王溯，陈炳强，韩新生，孙旭亮，崔元绍，江玉萍，王韶红，王伟，潘孝玉，郭夕英，张海华，陆培举，薛武堂，沙科洋，迟锡权，曲常迅，王东辉，戚云霞，徐桂燕，李金山，宋珊珊，刘宝敬，韩廷锦，丁玉军
9	"浙大系列"高油高产抗逆油菜品种选育推广与综合开发	浙江大学	吴早贵	吴早贵，周伟军，寿建尧，许玲，徐建祥，陈小央，葛常青，黄倩，戚航英，周彩军，朱娟，冯忠平，方屹豪，陈宏伟，童永华，王志伟，孟华兵，严百元，汪传荣，寿奎均，冯永才，陶永刚，范文俊，刘占宇，楼飞峰
10	高产多抗宜机收系列油菜品种选育及配套技术应用	汉中市农业技术推广与培训中心	李英	李英，王胜宝，谌国鹏，孙晓敏，李博宇，薛艳，邢丽红，尹宇杰，楚现周，罗雨国，李春元，黄涛，李小春，关海柱，周应军，杜强，唐玉林，邓向军，裴刚，张静，罗菲，蒋瑞，姚平波，屈春侠，王佳伟
11	"中椒"系列甜辣椒新品种的选育及推广	中国农业科学院蔬菜花卉研究所	王立浩	王立浩，张宝玺，张正海，曹亚从，于海龙，冯锡刚，黄建新，郭淑玲，王寿民，董静，徐振峰，刘伟，裴卓强，黄亚坤，杨志威，徐秀晶，梁周，苏冠宁，王海鹏，王璐，陈炳华，常瑞青，程延超，王善荣，刘万军
12	江淮流域设施番茄新品种选育与推广	安徽省农业科学院园艺研究所	严从生	严从生，江海坤，王艳，王明霞，俞飞飞，方凌，方勃，葛自兵，张均明，江洪泾，刘永峰，冯宗友，薛贞明，陈道群，孙萍，张振云，李俊松，李东红，王仁和，王亚男，刘迎春，常春，孙宝，周波，朱邦财

表 2-5　2019—2021 年度全国农牧渔业丰收奖农业技术推广成果奖二等奖种业相关项目名单

序号	项目名称	第一完成单位	第一完成人	主要完成人
1	优质黄瓜新品种培育及周年高效生产技术集成与示范推广	天津科润农业科技股份有限公司	付海朋	付海朋，张有为，李波，李平，苗伟利，张海朋，崔兴华，孟攀奇，刘长悦，徐烨，张金子，崔洪宇，牟东明，管炜，孔维良，邓强，孙景明，陈正武，李继辉，黄翔，有德宝，张琳，夏伟，何建兴，马理

(续表)

序号	项目名称	第一完成单位	第一完成人	主要完成人
2	石麦系列节水高产品种选育及配套技术集成与推广	石家庄市农林科学研究院	韩然	韩然, 史占良, 丁民伟, 武金燚, 傅晓艺, 高振贤, 何明琦, 曹巧, 单子龙, 李红彬, 耿晓彬, 姚振刚, 赵锁辉, 李彦果, 张冲, 赵满, 王婷, 孙美然, 李忠强, 赵志军, 于军强, 何素琴, 刘丽娜, 郭兰英, 张肖林
3	蓝莓新品种引进、筛选、培育及配套栽培技术研究与开发推广	辽宁省果树科学研究所（辽宁省农业科学院小浆果研发中心）	刘成	刘成, 刘有春, 魏鑫, 王兴东, 杨艳敏, 洪坡, 杨正松, 宋健浩, 刘洪刚, 李立杰, 贺强, 管青云, 孙晓燕, 付莹, 陈为涛, 徐文晖, 吕超越, 李智敏, 杨迅, 张广堂, 徐荣华, 王晓丹, 邵福平, 宋晓梅, 史延清
4	优质酿造高粱品种选育及配套技术集成应用	辽宁省农业科学院	卢峰	卢峰, 张飞, 柯福来, 王艳秋, 王平, 段有厚, 许维辉, 孙梦哲, 张纯信, 焦亚力, 耿新成, 韩峰, 黄铁军, 刘剑平, 王光鸿, 车瑞军, 贾宝胜, 李云侠, 宋桂兰, 卢刚, 武福强, 李汉奎, 崔大鹏, 尹志宽, 刘志
5	广谱抗稻瘟病粳稻新品种选育与推广	辽宁省水稻研究所	郑文静	郑文静, 王辉, 唐志强, 张丽颖, 孙国才, 陈富忠, 商文奇, 马超, 李军, 王绍新, 杜平, 侯彬彬, 杜宝芝, 徐勇, 齐国锋, 杨赞国, 于淑红, 卢翠华, 黄驰, 张攀, 高洋, 夏红军, 程远星, 杨宝儒, 张立杰
6	特色花卉新品种及集成技术推广应用	苏州农业职业技术学院	郭志海	郭志海, 朱旭东, 黄长兵, 原海燕, 汪成忠, 娄晓鸣, 李庆魁, 池坚, 于明华, 王勋, 丁雪山, 黄伟丽, 俞菲, 葛徐芳, 唐桂章, 姜正之, 金立敏, 霍尧, 程培蕾, 朱汉高, 朱晓国, 李曼, 尹原森, 田松青, 张永侠
7	水稻抗旱种质创制与利用	安徽省农业科学院水稻研究所	吴敬德	吴敬德, 康海岐, 张德文, 方昊云, 朱倩, 李娟, 朱静波, 钱征, 卢德文, 严纪发, 凌代芬, 王书文, 周任, 华胜, 刘和明, 沈国霞, 杨基华, 工优旭, 工德兵, 周桂银, 张庆利, 张健, 唐雪芳, 方世寸, 桂林峰
8	草莓专用型品种选育与双减增效关键技术的示范应用	安徽省农业科学院园艺研究所	宁志怨	宁志怨, 孔晶晶, 钱小强, 侯纯旺, 徐辉, 朱淑芳, 陈晶和, 丁卫东, 贺雷风, 丁勇, 余其照, 许飞, 陈光明, 何艳, 邹方姜, 庄小林, 孟娟, 孙丽华, 仇建玲, 刘剑, 姚敏, 郑聂松, 胡玉, 李小群, 夏登华
9	优质专用甘薯品种选育及产业化配套技术集成与应用	福建省农业科学院作物研究所	邱永祥	邱永祥, 滕振勇, 邱思鑫, 吴敏文, 郭其茂, 黄伟群, 陈选阳, 邹海忠, 张运潭, 蓝春准, 郑永富, 蔡章棣, 蓝春拥, 翁钰玲, 黄荣元, 林碧英, 戴峥峰, 林丽艳, 江保寿, 刘清亮, 周和谐, 吴思逢, 徐赛花, 王家腾, 郑建洪
10	泰山食药用菌资源挖掘及高效利用	泰安市农业科学院	兰玉菲	兰玉菲, 孔怡, 王庆武, 李秀梅, 于清伟, 崔晓, 安秀荣, 陈万杰, 王乐锋, 张文倩, 陈乐梅, 张吉英, 李晓颖, 汪桂玲, 许恺, 陈燕, 谢新国, 庄伟, 田克赞, 周刚毅, 王清圣, 卢长玲, 张继春, 丁新丽, 孟英华
11	优质甜樱桃新品种创制及高效栽培技术研究与推广应用	山东省烟台市农业科学研究院	张福兴	张福兴, 张序, 孙庆田, 李延菊, 李淑平, 王玉霞, 李芳东, 鹿明芳, 柳蕴芬, 主春福, 王嘉艳, 王洪杰, 房玲, 南海龙, 李岩, 张先成, 孙鹏, 郭晓伟, 赵建光, 魏述亮, 赵广杰, 李凌燕, 赵洪霞, 张鹏刚, 吕以明

(续表)

序号	项目名称	第一完成单位	第一完成人	主要完成人
12	玉米新品种选育及关键技术集成推广	山东省种子管理总站	李栋	李栋，吴秋平，邓超，韩加坤，孔春英，李晓明，史后蕊，齐同星，何秋艳，温冰，张晨，程虎虎，袁邦义，孔磊，陈继军，王静，马艳茹，王佃强，张亚青，白相林，刘红芳，司庆臣，展洪波，李广亮，李国春
13	糯玉米新品种选育及产业技术开发与推广应用	青岛农业大学	韩伟	韩伟，张恩盈，郭玉秋，郭新梅，宋希云，张凯，王恒，张强，孙纯锐，李克文，王芳，涂伟，刘楠楠，刘兴强，徐广美，赵洋，韩顺英，李学强，董慧，宋健，李宁，姜常松，李军，陈桂敏，沈彦辉
14	优质抗病生姜品种培育及绿色高效技术集成推广	长江大学	刘奕清	刘奕清，朱永兴，郭凤领，刘燃，吴金平，尹军良，李洪雷，周洁，贾切，刘兆俊，周弦，张中华，蔡小东，黄聪，吴方华，张晓莲，田虹君，黎力，刘刚，唐纯，郭茂胜，赵举平，吴大敏，柯兴宇，吴小青
15	甘薯系列新品种选育及产业化配套技术集成与推广应用	广西壮族自治区农业科学院	陈天渊	陈天渊，黄咏梅，李慧峰，李彦青，滑金锋，黄学华，彭荣锋，韦显平，秦丽萍，罗运才，伍考兰，黄录斌，贺祖斌，李小霞，刘晓明，龙秋均，韦强，黄碧才，孙玉姣，杨浪群，周庆丁，刘官阳，蒋香英，陈长政，吴堂信
16	超高蛋白抗逆高产大豆新品种南豆12的选育与应用	南充市农业科学院	张明荣	张明荣，吴海英，常小丽，于晓波，梁建秋，程明军，杨洪理，刘德银，张玉，李华明，肖立，何文斌，杨林，尹怀中，李魁，黄恩齐，但旭平，陈从文，杨春林，周琦，曹晓玲，杨志柱，朱应华，李秋林，何晓洋
17	绵单系列优质丰产广适玉米新品种选育及配套栽培技术集成应用	绵阳市农业科学研究院	何丹	何丹，王秀全，张华，刘金丹，文安，陈英立，刘伯川，庞启华，任小平，周兵，郑从容，王小中，李志娟，詹平明，卿春燕，辜磊，汪洪涛，陈汉林，彭伟丰，邱祥荣，王化志，周万国，李冰兰，邱大志，王义斌
18	优质特色猕猴桃新品种选育及推广应用	四川省自然资源科学研究院	庄启国	庄启国，祝进，李明章，李华佳，王永志，仲伟敏，何仕松，董官勇，廖慧苹，刘原，袁怀瑜，李峤虹，陈文远，唐合均，幸科，邵宝林，吕兴平，王伟，吕志勇，吴世权，李春华，雷彬，杜建，袁广富，罗中魏
19	加工辣椒品种选育与山区省力高效栽培技术创新及应用	贵州省蚕业研究所（贵州省辣椒研究所）	杨红	杨红，夏忠敏，姜虹，赖卫，罗仁发，刘崇政，严希，姚梅，袁烨，罗燚，冉隆俊，曾义玲，卢超，于霞，杨广娟，张光会，刘艺，杨再文，廖正梅，张凯，陈颖，梁秀华，卢小娜，周恒，姚山山
20	豌豆种质资源收集评价创新与新品种选育及应用	云南省农业科学院粮食作物研究所	杨峰	杨峰，于海天，郑爱清，平秀敏，孙永海，蒋彦华，杨建谷，杨进成，杨芬，李立军，和一花，张玉仙，钱文娟，王琼仙，张春帆，高仕兰，赵镭，王朝庆，王兴荣，尹小怀，奚立刚，何春华，宋琼芬，王丛军，任家良
21	机采棉新品种选育及绿色高效生产技术集成示范	新疆农业科学院经济作物研究所	崔建平	崔建平，热甫克提·阿布来提，林涛，朱家辉，郑子漂，王亮，努斯热提·吾斯曼，王为然，魏鑫，屈涛，蒋丽煌，余娟娟，唐新燕，徐金虹，张红霞，张书新，程卫，吾买尔江·库尔班，吴洪涛，李鹏发，唐亚莉，张宏，陈丽君，郑将鹏，林翠

（续表）

序号	项目名称	第一完成单位	第一完成人	主要完成人
22	耐旱甘薯品种创新利用与优质高效栽培技术集成推广	新疆农业科学院	金平	金平，周志林，刘恩良，高海峰，唐君，孔德鹏，罗正乾，郑鹏，马福刚，张豪杰，徐琳黎，张庆良，李志强，孔凡丽，赵韶，孙明海，沈翠君，游春丽，刘士亮，张正伟，陈传再，王顺利，常洪江，陶建飞，宋新海
23	菜豆系列新品种选育与高效栽培技术应用与推广	大连市现代农业生产发展服务中心	郭建华	郭建华，刘秀根，曾岩，李金，黄韬，宋尚龙，侯秀明，于瑞君，杜晶，孙岩，赵阳，陈海燕，王孝宗，刘智强，刘文龙，刘玉洋，张艳玲，杜晓宇，王志，常广宁，李广顺，袁芬，孙立军，张怡芳，佟桂莲
24	72-69等系列高品质番茄新品种选育研究与示范推广	青岛市农业科学研究院	黄婷婷	黄婷婷，李传友，刘淑芹，张永志，李平，杨天霞，纪国才，周玉忠，姜雅倩，蒋广英，陶跃顺，车豪杰，迟瑞苹，王兆庆，邵长侠，宋春燕，丁桂英，武光朋，杨瑞燕，赵有绩，江崇明，戴红玉，殷登科，王倩，李云光

表2-6 2019—2021年度全国农牧渔业丰收奖农业技术推广成果奖三等奖种业相关项目名单

序号	项目名称	第一完成单位	第一完成人	主要完成人
1	津强系列小麦品种选育推广及产业化	天津市农业科学院	冯刚	冯刚，王建贺，梁丹，王从磊，时晓伟，刘丹，任丽丽，林建华，王志强，王永磊，梁晨，李志强，刘学中，崔如清，郭小丽，吕峰，康瑞连，张学刚，刘泮旭，王晖，孙桂文，李卫军，侯静，张宝瑞，徐广顺
2	高产优质、广适玉米新品种承单813选育及应用	承德市农林科学院	邱光伟	邱光伟，李青松，方艺润，丁贵江，郭久林，梁秋华，李平，任杰，杨春东，李慧青，项福星，刘宝印，王思维，杨保峰，康亮，张成华，李树焕，张雪洁，王建国，葛丽红，陈啸天，王金学，叶建明，宫宇，穆云森
3	利用SSR技术构建大豆种质抗灰斑病分子身份证及抗病品种的推广	黑龙江省农业科学院佳木斯分院	丁俊杰	丁俊杰，于铭，杨晓贺，张茂明，姚亮亮，邱磊，张武，徐鑫，梁誉，杨智勇，郑俊杰，于熙红，王海霞，张艳敏，刘丽辉，陆书洋，娄文生，陆军，乔延福，许如斌，杨兆祥，邱真杰，洪凯，王秀珍，于飞
4	高产稳产多抗广适优质专用小麦新品种淮麦33选育与推广应用	江苏徐淮地区淮阴农业科学研究所	顾正中	顾正中，彭杰，李春梅，杨子博，周羊梅，王波，张志才，唐怀坡，谢鹏飞，毕彦辉，叶世超，李家起，王国兵，孙瑞建，刘超，李航，丁长生，杨永乐，张增林，潘德众，韦祖康，孙玉海，费晓娟，陈如怀，王健
5	高品质番茄新品种选育及绿色高效生产技术集成与推广	徐州市农业农村综合服务中心	赵统敏	赵统敏，张洪永，王银磊，张仁祖，孙艳军，赵丽萍，刘刚，王诗玲，张富荣，汤晓跃，刘永健，张艳春，丁峰，李靖，廖开志，俞红，孙振业，丁雷，李玉臣，李兆虎，孟宪勇，李家亮，李朋飞，王益明，姚君骁
6	早熟、广适、宜机收徽豪油系列杂交油菜品种选育与应用	安徽国豪农业科技有限公司	韩仁长	韩仁长，郑文寅，范志雄，侯树敏，荣松柏，朱祥雨，吴然然，丁龙，徐浩，丁琢，章俊东，赵雪，刘欣，严双荣，汪霖，熊云霞，徐安平，丁党支，谢世汉，鲍光跃，曹结宝，姚芳林，朱先飞，余洪根，李豆豆

（续表）

序号	项目名称	第一完成单位	第一完成人	主要完成人
7	茄果类蔬菜新品种选育及其配套栽培技术推广	福建省热带作物科学研究所	陈振东	陈振东，林秀香，郑涛，牛先前，黄章国，林锦辉，张金焕，徐福乐，许茹，方靓，张天翔，吴亚海，钟凌鹏，邓琳，洪东方，陈国跃，陈宜，钟凤平，李文彪，陈明发，陈维忠，吴文昊，康丽雪，何煌明，詹庆娘
8	江西区域茶树新品种选育及茶园绿色低碳生产技术集成与推广	江西省经济作物研究所	杨普香	杨普香，李文金，贺望兴，李琛，陈丽珍，陈盛畅，黄纪刚，徐爱珍，李烈国，刘均华，李延升，林淑红，卢新松，王鹰，刘知远，曾斌，陈罗君，汪泽保，汪素华，吴德龙，张瑞祥，胡文景，吴章荣，郭彬，袁星星
9	优质、丰产、多抗双季稻新品种选育及示范推广	黄冈市农业科学院	涂军明	涂军明，陈杰，李阳，周坚，李兴华，杨晓龙，闻武，皮楚舒，黄金安，王超，雷爱民，陈志敏，张继新，于云，刘席芳，毕险平，肖齐圣，朱秀平，方东光，乐向荣，何新平，周中全，吴军，余文辉，叶灼珠
10	优质不育系桃农1A的选育与应用	桃源县农业科学研究所	伍中胜	伍中胜，刘大锷，王建龙，郭明选，吴立群，贾琳，曾戈，刘勇军，李珊，李威，陶优生，周娟，宋丽华，姚鹏，李娟，刘志军，蔚阳，阙兴贵，周华军，赵琪，官占军，曹辉，马彪，华道武，谭永平
11	国审牧草新品种紫色象草创新选育及关键技术研究与应用	广西壮族自治区畜牧研究所	易显凤	易显凤，姚娜，蔡小艳，邓素媛，赖大伟，赖志强，王冬钦，黄志朝，宾雪梅，潘余强，黄颖，王之飞，黄明进，韦玉全，唐慧，门家汉，李晓玲，胡作文，李然，蔡健全，杜友，郑智，罗永端，覃江红，王毅
12	澳洲坚果良种选育与丰产栽培关键技术集成及推广应用	云南省热带作物科学研究所	陶亮	陶亮，贺熙勇，岳海，王进强，陶丽，耿建建，倪书邦，毛金凭，郭金斌，鲁思珍，高朝派，周家喜，王康，李育美，金朝万，张碧双，杨向伟，李玲彬，汪智欢，胡秀芝，唐学建，邵忠明，杨城，汪静，岩光
13	五谷系列抗病高产玉米新品种选育及示范推广	甘肃省种子总站	第红君	第红君，李世晓，张正英，于水华，胡丹，王国基，安贵，张元景，蒋宏，张永宁，李继章，鄂金红，李有忠，王晓玲，康亚军，钱富华，刘腊青，卢建军，张建军，杨世赟，陈其睿，刘永金，贾航，彭丽，李廷华
14	临蚕系列蚕豆新品种选育与示范推广	临夏回族自治州农业科学院	邵扬	邵扬，郭延平，李城德，朱淑萍，漆刚，李晓斌，景卫国，曾涌，郎万宗，赵仲华，包蕾，曹钧，高晓文，褚宏杰，魏家亮，卢小芳，张学萍，李瑜，王国进，周奇能，石学辉，李生兰，马珊珊，王平生，张建业
15	雪菜新品种选育及生产关键技术研究与推广应用	宁波市农业科学研究院	任锡亮	任锡亮，王毓洪，郭斯统，黄芸萍，赵天荣，丁桔，孟秋峰，高天一，王来亮，张志明，叶伟宗，周洁萍，韩金庆，许映君，徐丹，张恺，凡改恩，陈爱国，金伟兴，成国良，胡君欢，谢会群，吴海丽

（四）审定新品种

2022年，通过国家审定的主要农作物品种1560个，与2021年相比减少315个。其中水稻438个、玉米827个、小麦176个、棉花49个、大豆70个（表2-7）。

表2-7　2022年国家、省（区、市）品种审定情况　　　　　　　　　　　　　　（单位：个）

	水稻	玉米	小麦	棉花	大豆	小计
合计	2 117	3 244	541	143	428	6 473
国审	438	827	176	49	70	1 560
北京	0	8	6	0	1	15
天津	0	0	11	0	0	11
河北	4	168	0	20	15	207
山西	0	174	18	4	12	208
内蒙古	24	122	7	0	11	164
辽宁	41	267	3	5	21	337
吉林	50	183	1	0	35	269
黑龙江	227	108	11	0	88	434
上海	10	6	0	0	0	16
江苏	70	29	42	5	26	172
浙江	34	12	3	6	3	58
安徽	188	34	0	5	28	255
福建	99	11	0	0	9	119
江西	51	5	0	5	6	67
山东	8	84	24	12	10	138
河南	15	72	113	14	25	239
湖北	74	49	36	8	20	187
湖南	77	30	0	5	7	119
广东	163	30	0	0	0	193
广西	257	141	0	0	3	401
海南	14	0	0	0	0	14
重庆	35	40	9	0	8	92
四川	128	109	11	2	13	263
贵州	42	70	3	0	6	121
云南	56	360	5	0	2	423
陕西	2	88	26	0	3	119
甘肃	0	147	27	3	6	183
青海	0	4	2	0	0	6
宁夏	10	66	7	0	0	83
新疆	0	0	0	0	0	0

通过省级审定的主要农作物品种4 913个，同比增加366个。其中水稻1 679个、玉米2 417个、小麦365个、棉花94个、大豆358个（表2-7）。2022年，全国共引种备案主要农作物品种3 058个。其中水稻525个、玉米2 223个、小麦214个、棉花4个、大豆92个（表2-8）。

表2-8 2022年各省（区、市）引种备案情况　　　　　　　　　　　　　　　　　（单位：个）

	水稻	玉米	小麦	棉花	大豆	小计
合计	525	2 223	214	4	92	3 058
北京	4	4	1	0	0	9
天津	0	68	17	1	1	87
河北	3	305	27	2	0	337
山西	0	137	16	0	0	153
内蒙古	10	472	0	0	19	501
辽宁	0	0	0	0	0	0
吉林	26	286	0	0	8	320
黑龙江	0	0	0	0	0	0
上海	0	0	0	0	0	0
江苏	29	76	72	0	13	190
浙江	18	16	13	0	10	57
安徽	0	0	0	0	0	0
福建	35	5	0	0	0	40
江西	69	4	0	0	2	75
山东	3	101	14	1	2	121
河南	79	112	16	0	14	221
湖北	62	60	1	0	8	131
湖南	22	20	0	0	0	42
广东	54	19	0	0	0	73
广西	21	2	0	0	0	23
海南	0	0	0	0	0	0
重庆	30	61	0	0	5	96
四川	16	74	0	0	8	98
贵州	0	0	0	0	0	0
云南	20	62	3	0	1	86
陕西	23	159	34	0	0	216
甘肃	0	105	0	0	1	106
青海	0	0	0	0	0	0
宁夏	1	75	0	0	0	76
新疆	0	0	0	0	0	0

（五）登记品种

2022年，全国29种非主要农作物登记公告品种数3 430个，登记撤销品种数560个。登记品种中，马铃薯110个、甘薯95个、谷子185个、高粱137个、大麦（青稞）35个、蚕豆23个、豌豆

68个、油菜357个、花生188个、亚麻（胡麻）10个、向日葵67个、甘蔗20个、甜菜14个、大白菜230个、结球甘蓝78个、黄瓜185个、番茄317个、辣椒592个、茎瘤芥3个、西瓜275个、甜瓜212个、苹果44个、柑橘10个、梨39个、葡萄32个、桃41个、茶树62个、橡胶树1个。2022年国家登记农作物品种名录见表2-9，各省（区、市）登记农作物品种数量见表2-10，各省（区、市）撤销品种数量见表2-11。

表2-9 2022年国家登记农作物品种名录

作物种类	登记品种数（个）	占比（%）	作物种类	登记品种数（个）	占比（%）
马铃薯	110	3.21	黄瓜	185	5.39
甘薯	95	2.77	番茄	317	9.24
谷子	185	5.39	辣椒	592	17.26
高粱	137	3.99	茎瘤芥	3	0.09
大麦（青稞）	35	1.02	西瓜	275	8.02
蚕豆	23	0.67	甜瓜	212	6.18
豌豆	68	1.98	苹果	44	1.28
油菜	357	10.41	柑橘	10	0.29
花生	188	5.48	香蕉	0	0
亚麻（胡麻）	10	0.29	梨	39	1.14
向日葵	67	1.95	葡萄	32	0.93
甘蔗	20	0.58	桃	41	1.20
甜菜	14	0.41	茶树	62	1.81
大白菜	230	6.71	橡胶树	1	0.03
结球甘蓝	78	2.27	合计	3 430	100

表2-10 2022年各省（区、市）登记农作物品种数量

省（区、市）	登记品种数（个）	占比（%）	省（区、市）	登记品种数（个）	占比（%）
北京	259	7.55	湖北	165	4.81
天津	42	1.22	湖南	66	1.92
河北	138	4.02	广东	140	4.08
山西	87	2.54	广西	33	0.96
内蒙古	131	3.82	海南	11	0.32
辽宁	268	7.81	重庆	38	1.11
吉林	99	2.89	四川	198	5.77
黑龙江	51	1.49	贵州	148	4.31
上海	25	0.73	云南	194	5.66
江苏	52	1.52	西藏	4	0.12

(续表)

省（区、市）	登记品种数（个）	占比（%）	省（区、市）	登记品种数（个）	占比（%）
浙江	118	3.44	陕西	89	2.59
安徽	128	3.73	甘肃	212	6.18
福建	38	1.11	青海	13	0.38
江西	21	0.61	宁夏	21	0.61
山东	434	12.65	新疆	22	0.64
河南	185	5.39	合计	3 430	100

表2-11　2022年各省（区、市）登记撤销品种数量

地区	花生品种数（个）	黄瓜品种数（个）	辣椒品种数（个）	甜瓜品种数（个）	向日葵品种数（个）
合计	19	85	2	226	228
北京	0	2	1	0	22
天津	0	56	0	7	0
河北	19	0	0	0	58
山西	0	0	0	8	11
内蒙古	0	0	1	0	35
辽宁	0	6	0	12	6
吉林	0	1	0	7	0
黑龙江	0	0	0	79	6
上海	0	1	0	0	0
江苏	0	0	0	1	0
浙江	0	0	0	1	0
安徽	0	1	0	11	0
福建	0	1	0	0	0
江西	0	0	0	0	0
山东	0	10	0	22	0
河南	0	2	0	39	0
湖北	0	0	0	0	0
湖南	0	0	0	3	2
广东	0	0	0	0	0
广西	0	0	0	0	0
海南	0	0	0	2	0
重庆	0	0	0	0	0
四川	0	1	0	0	0
贵州	0	4	0	0	0

（续表）

地区	花生品种数（个）	黄瓜品种数（个）	辣椒品种数（个）	甜瓜品种数（个）	向日葵品种数（个）
云南	0	0	0	1	0
西藏	0	0	0	0	0
陕西	0	0	0	0	0
甘肃	0	0	0	0	49
青海	0	0	0	0	0
宁夏	0	0	0	0	13
新疆	0	0	0	33	26

2017—2022年，每年分别登记1 428、9 634、5 152、6 337、2 332、3 430个品种。截至2022年年底，累计申请登记品种36 688个，累计登记公告品种28 313个（含837个撤销品种）（图2-9）。

图2-9　2017—2022年品种登记情况

（六）植物新品种权

2022年，我国农业植物品种权申请11 199件（表2-12），年度申请量在UPOV各成员中连续六年居首位，比2021年增加1 478件，增加幅度达15.20%。其中，境内申请10 688件，占95.44%；境外申请511件，占4.56%。

2022年，我国农业植物品种权授权3 375件（表2-12）。其中，境内授权3 156件，占93.51%；境外授权219件，占6.49%。

表2-12　2022年品种权申请授权植物种类分布情况

作物	大田作物	蔬菜	花卉	果树	其他
申请量（件）	7 872	1 748	871	593	115
授权量（件）	2 596	360	270	107	42

大田作物中，以玉米、水稻、小麦的品种权申请和授权为主（表2-13）。

表2-13 2022年主要大田作物品种权申请和授权情况

作物	水稻				玉米			小麦	大豆	棉花
	小计	杂交水稻	常规水稻	其他水稻	小计	杂交玉米	其他玉米			
申请量（件）	2 232	457	1 130	645	3 859	1 455	2 404	550	368	137
授权量（件）	787	111	389	287	1 064	514	550	219	239	59

授权量超过100件的省（市）有河南、北京、黑龙江、江苏、山东、安徽、广东、湖南、云南、浙江、河北、福建和湖北。各省（区、市）品种权申请及授权量见表2-14。

表2-14 2022年各省（区、市）品种权申请授权数量

省（区、市）	申请量（件）	授权量（件）
北京	865	292
天津	131	29
河北	580	128
山西	163	33
内蒙古	138	20
辽宁	365	81
吉林	293	65
黑龙江	757	290
上海	128	21
江苏	488	228
浙江	453	137
安徽	447	190
福建	391	110
江西	102	32
山东	951	218
河南	765	351
湖北	312	101
湖南	399	157
广东	595	164
广西	258	82
海南	525	40
重庆	47	18
四川	350	71
贵州	99	18

（续表）

省（区、市）	申请量（件）	授权量（件）
云南	342	144
陕西	111	30
甘肃	322	53
青海	1	2
宁夏	53	11
新疆	253	32
西藏	0	2
台湾	4	6
合计	10 688	3 156

截至2022年底，农业植物品种权申请累计62 636件，授权总量23 101件（图2-10）。

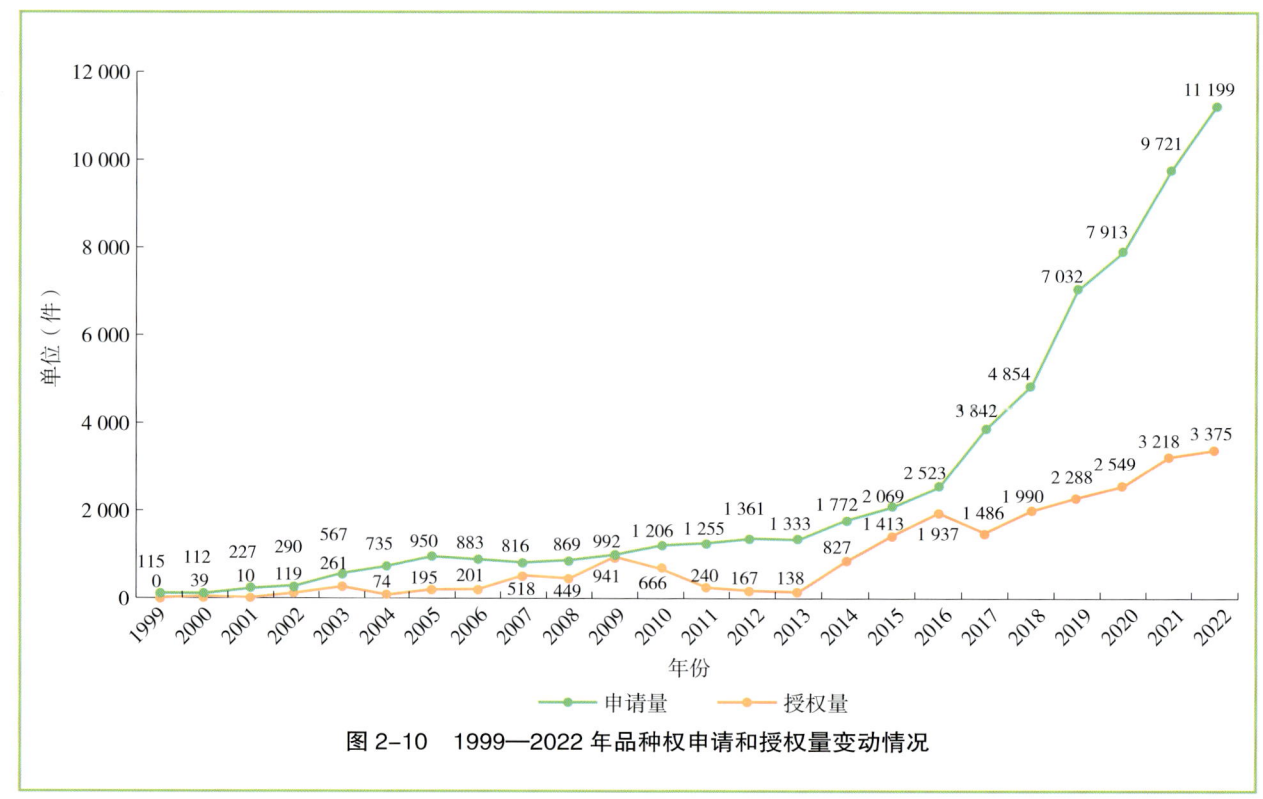

图2-10　1999—2022年品种权申请和授权量变动情况

二、农作物种质资源收集保护与评价利用

（一）第三次全国农作物种质资源普查与收集行动

2022年，在山西等14个省（区）和新疆生产建设兵团的188个县（市、区、旗）开展系统调

查和抢救性收集，对全国 679 个县进行了系统调查与收集；全国共 2 323 个县的普查征集工作已全部完成，并在省级层面完成验收。截至 2022 年年底，累计征集和收集各类农作物种质资源 12.4 万份。

开展了普查十大优异农作物种质资源评选。经过各省推荐、专家评审、优中选优，评选出山东明水大红芒香稻、云南维西摩天阁老黑谷、四川巴塘四倍体小麦"甲着"、河南龙水梯老黄玉米、甘肃白砂谷、河北与山西的三白西瓜、辽宁白樱桃、福建尤溪老树金柑、新疆维吾尔自治区且末香蒜、贵州化屋小黄姜等十大优异种质资源。

（二）农作物种质资源收集与保存

新收集引进粮、棉、油、果、蔬、糖、茶、桑、麻等 155 类作物 309 个物种的 14 531 份种质资源，如提莫菲维小麦、泰国早 2 号柚、黑农 511、疣粒野生稻和洪平杏等。

2022 年度完成各类作物资源编目入库 6 897 份，至 2022 年 12 月底，我国农作物种质资源长期保存总量总计 539 134 份，其中国家农作物种质资源库长期保存 463 519 份，国家种质圃保存 75 615 份，保存总量居世界第二位。

（三）优异种质资源鉴定与筛选

2022 年，继续开展农作物种质资源精准鉴定工作。按照国家重大需求和工作基础开展粮食作物、油料作物、耐盐碱和抗旱作物、有优势的热带作物等 48 个物种的基因型鉴定和表型精准鉴定工作。

水稻方面，目前已完成 1.2 万份水稻种质资源的基因型鉴定和 8 000 份水稻种质资源连续两年的表型鉴定。筛选出具有高产、抗病虫、抗逆等优异性状中至少一个性状的优异种质资源 165 份，同时鉴定出具有高抗稻瘟病、抗稻曲病和耐盐等多个优良性状的水稻导入系 38 份，并阐明育种可利用途径；利用南亚、东南亚地区的资源优势和发病早的特点，综合全球生理小种挖掘国内外抗病种质资源，寻找到与现有抗性资源遗传资源差异较大的材料，形成稻瘟病抗性资源的战略储备，把握病害小种流行趋势，提前做好我国应对策略；采用重测序技术，对 1.2 万份水稻种质资源的基因型进行精准鉴定，基于水稻特异分子标记、多性状关联的分子标记和已克隆的重要等位功能基因构建完善的水稻分子身份证，创建了水稻种质资源分子身份证比对鉴别系统。

小麦方面，完成 11 623 份小麦种质资源的基因型检测，并构建相应的指纹图谱；完成了 8 247 份小麦优异种质资源繁种和基本农艺性状的鉴定，发掘出 7 份高千粒重资源，8 份对茎基腐病抗性好的种质资源，6 份优质强筋资源，18 份高抗寒性资源，1 份抗旱节水性强、锌含量高的种质资源，10 份抗赤霉病地方品种，1 份白皮抗穗发芽的种质资源，3 份既抗条锈病又早熟优异种质资源，4 份抗叶锈病的种质资源，开发出小麦 60K 液相捕获芯片。

玉米方面，完成 8 322 份资源的繁种，完成 5 400 份资源的基因型鉴定和分子身份证构建以及优异种质资源杂种优势类群划分，完成 6 005 份玉米种质资源产量、抗旱、抗穗腐病等性状的鉴定评价，挖掘到 30 份可育种利用的玉米优异种质，并阐明育种利用技术途径；完善了玉米种质资源精准鉴定技术规范及抗旱性高通量精准鉴定技术；建立了高通量穗腐病鉴定技术体系，研制了基于图像信息化技术的玉米抗穗腐病评价技术。

大豆方面，利用自主研发的"中豆芯一号"大豆功能型芯片完成了 7 600 份大豆种质资源的基因型鉴定，建立了基于无人机的大豆耐密植鉴定方法，完成了 4 000 份大豆种质资源的两年多点的表型鉴定，从中发掘出 32 份耐密植、高产、高油、耐盐碱、耐荫、抗蚜虫等大豆种业以及产业急需的可育种利用的优异种质，开展优异种质田间展示 1 次，部分优异种质已提供给种企和育种家进行利用，并开始服务社会。

油料方面，完成 800 份油菜基因型分析鉴定并构建分子指纹图谱，完成 1 500 份油菜关键农艺性状鉴定，发掘了 3 份可育种利用油菜优异种质并阐明育种利用技术途径；完成了 805 份花生基因型鉴定并构建分子指纹图谱，完成了 980 份花生重要性状精准鉴定，发掘出 1 份可育种利用花生优异种质并阐明育种利用技术途径；完成了 600 份芝麻基因型鉴定并构建分子身份证，完成了 700 份芝麻基本性状和关键农艺性状鉴定，发掘出 1 份可育种利用芝麻优异种质并阐明育种利用技术途径。

蔬菜方面，共获得 696 份西瓜种质资源和 1 063 份甜瓜种质资源的基因组 SNP 扫描数据，完成了 550 份西瓜和甜瓜优异种质资源繁种和基本农艺性状的鉴定和数据录入整理；初步筛选出西瓜枯萎病抗性材料 5 份、甜瓜耐盐性材料 11 份、甜瓜果腐病抗性材料 8 份、早熟且糖度适中西瓜种质 2 份、绿色果肉网纹甜瓜 1 份的可育种利用优异种质并阐明育种利用技术途径，确定 2 个 SNP 可作为鉴定甜瓜种群的特异分子标记。中国农业科学院蔬菜花卉研究所开展菜豆、毛豆和番茄共 6 800 份蔬菜种质资源的全基因组扫描分析，获得基因型数据，构建了分子身份证；"精"选优异性状的种质资源，开展 900 份资源繁种和基本农艺性状多年多点表型鉴定和数据录入（包括萝卜 150 份、大蒜 100 份、芥菜 100 份、黄瓜 200 份、辣椒 200 份、豇豆 150 份）。获得可育种利用的种质 20 份（3 份低温弱光抗性强黄瓜，5 份高产量大蒜素含量高耐贮藏性强大蒜，5 份高品质辣椒，4 份抗根肿病萝卜和 3 份抗根肿病芥菜）。湖南省蔬菜研究所完成 800 份辣椒的繁种和基本性状和农艺性状鉴定，获得 280 份辣椒种质资源的基因型并构建分子指纹图谱，完成 5 个辣椒栽培种核心资源的 25 份材料重测序以及 825 个 SNP 标记的筛选和 20 对引物的开发，初步筛选高辣椒素资源 3 份、高辣椒红色素材料 1 份、极早熟辣椒资源 2 份、皱缩程度高材料 2 份、株型紧凑材料 2 份。

（四）国家保护设施体系建设

国家农作物种质资源库新库开展试运行。2022 年 8 月，农业农村部第 595 号公告确定了第一批国家农作物种质资源库（圃），形成了以国家农作物种质资源库长期库为核心，1 个复份库、15 个中期库和 55 个种质圃为依托的国家级农作物种质资源保护体系。

（五）种质资源共享利用

累计共享分发利用种质资源 13 万份次，服务用户单位 1 600 余个，水稻、小麦、玉米、大豆、棉花、果树等 70 种作物在其主产区田间展示了 18 722 份优异种质，现场预订优异种质材料 2 507 份。继续组织 72 个农作物种质资源库（圃）开展"种质资源科普开放日"活动，线上线下共举办科普活动 370 场次，线下参加人数超过 1.5 万人次，线上超过 45 万人次。

三、农业微生物种质资源收集保护与评价利用

（一）农业微生物种质资源收集与保存

截至2022年年底，对全国从事农业微生物种质资源收集与保藏工作的48家机构进行初步统计，资源总量约34.5万株，涵盖肥料、植保、饲料、食用菌、农业环境、畜禽水产等相关微生物类群。国家农业微生物种质资源库保藏各类菌种2.8万余株，其中，2022年新收集664株，制备冻干保藏6 172份，−80℃超低温保藏3 762份，液氮保藏3 750份。

（二）优异种质资源鉴定与评价

2022年共鉴定库藏资源3 015株，包括细菌1 054株、真菌1 961株。以库藏246株大豆根瘤菌菌株为研究对象，采用培养形态特征观察，结合16S rRNA基因以及 $atpD$、$dnaK$、$gyrB$、$glnII$ 和 $recA$ 等保守基因序列比对分析进行分类鉴定。通过水培试验评价菌株的结瘤能力，共获得高效结瘤菌株88株，为大豆根瘤菌剂的研发提供优良材料。2022年，为中国科学院大学、南宁汉和生物科技股份有限公司、天津坤禾生物科技集团股份有限公司等34家企事业单位提供65株根瘤菌。对600余株 $Bacillus$ 及其相关类群进行复核及功能评价，通过16S rRNA、$gyrB$、$rpoB$ 及基因组测序等方法，结合形态特征确定分类地位，对pH值及NaCl生长范围、高温耐受性、溶磷、产铁载体等功能特性进行评价，有效提高该类群库藏质量。

（三）国家保护体系建设

2022年8月，农业农村部第595号公告确定了第一批国家级农业微生物种质资源库，搭建了以国家农业微生物种质资源库为核心、18个专业库为依托的保护框架，涵盖了肥料、饲料、植保、农业环境、畜禽水产、食用菌及农业专利与模式微生物等类别。

（四）种质资源共享利用

目前，国家农业微生物种质资源库可对外共享菌种资源2.3万株。2022年度为188家微生物肥料、微生物农药、微生物饲料、微生态制剂企业、食用菌种植大户以及324家从事农业微生物研究的高等院校、科研院所提供菌种1 837株，以及893项次菌种鉴定、菌种保藏、技术培训等服务。

四、国家良种重大科研联合攻关研究进展

（一）全面部署推进国家育种联合攻关

2022年8月，农业农村部印发《国家育种联合攻关总体方案》，紧紧围绕种业科技自立自强、种源自主可控目标，明确要求要加快构建产学研用深度融合的种业创新体系，加快培育具有自主知识产权的优良品种，为确保国家粮食安全和重要农产品稳产保供提供有力支撑，推动构建以十大优

势企业自主联合攻关为塔尖、以十大主要粮食和重要畜禽联合攻关为塔身、以64个重要特色物种联合攻关为塔基的"金字塔"式国家育种攻关阵型，建立国家育种联合攻关联席会议机制，完善实施攻关组首席负责制。同年11月，国家育种联合攻关工作推进会在北京召开，要求各地各有关单位要认真学习贯彻党的二十大精神，落实深入实施种业振兴行动决策部署，扎实推进国家育种联合攻关，加快培育具有自主知识产权的优良品种，用中国种子保障中国粮食安全。

（二）重要物种联合攻关取得新突破

水稻攻关组选育的福香占再生稻品种，具有抗稻瘟病、米质优、再生能力强等特点，2022年福建推广面积突破20万亩。玉米攻关组开设机收籽粒玉米区试，填补机收籽粒品种选育空白，选育出36个玉米籽粒机收品种，京农科728等品种在短期内已推广3 300万亩以上。小麦攻关组探索常规作物高效育种模式，衡麦29节水指数达到极强水平，中麦5051突破了节水品种不优质、优质品种不抗寒的技术瓶颈；扬麦33赤霉病抗性鉴定连年达到抗级水平。大豆攻关组培育了亩产超400千克的吉育86、超300千克的冀豆17和中黄301等近20个高产大豆新品种，高于同纬度美国大豆品种单产水平。合农71实收亩产341.6千克，创造了寒地旱作条件下东北地区大豆单产新纪录。

（三）地方特色物种联合攻关取得新成效

油菜攻关组攻关选育出了高油高产多抗油菜新品种中油杂65、中油杂501、金油杂9号，系统开展了短生育期（180天以内）冬油菜品种大规模选育与筛选工作，中油早1号、赣油杂906、中油988等品种表现突出。马铃薯攻关组育成中薯早39，突破了早熟马铃薯淀粉含量低的瓶颈。西蓝花攻关组育成美青、台绿132等20个新品种，市场占有率超过28%。天津德瑞特甜瓜获2022年天津市科技进步奖一等奖。内蒙古加大自主培育的向日葵品种推广力度，SH363、SH361推广面积均在50万亩以上。吉林组建省作物生物育种联盟，加快培育突破性新品种。目前，国内自育甘蔗品种面积占比超过88%，自主育成的羊肚菌新品种居国际领先，真姬菇新品种质量与国外相当。高油酸花生品种豫花37号种植面积超过300万亩，推广规模居国内第一。

第三篇 种子生产与推广

一、主要农作物种子生产情况

（一）杂交玉米种子

2022年，全国杂交玉米制种面积365.46万亩，较2021年增加93万亩，增幅34%。2022年销售季末，玉米种子库存降至总需求量30%左右，属合理范围。在此情况下，全国制种收获面积大幅回弹，这也是继2016年后玉米制种面积首次突破350万亩。分省（区）看，甘肃、新疆（含新疆兵团）两地制种面积分别为157.58万亩、120.45万亩，较2021年分别增加16.39万亩、50.10万亩，甘肃、新疆（含新疆兵团）两地制种面积占全国的76.1%，产量合计达到11.07亿千克，占全国总产的81.4%。

2022年全国各区域杂交玉米制种面积、产量及其占比和单产情况见图3-1至图3-3。

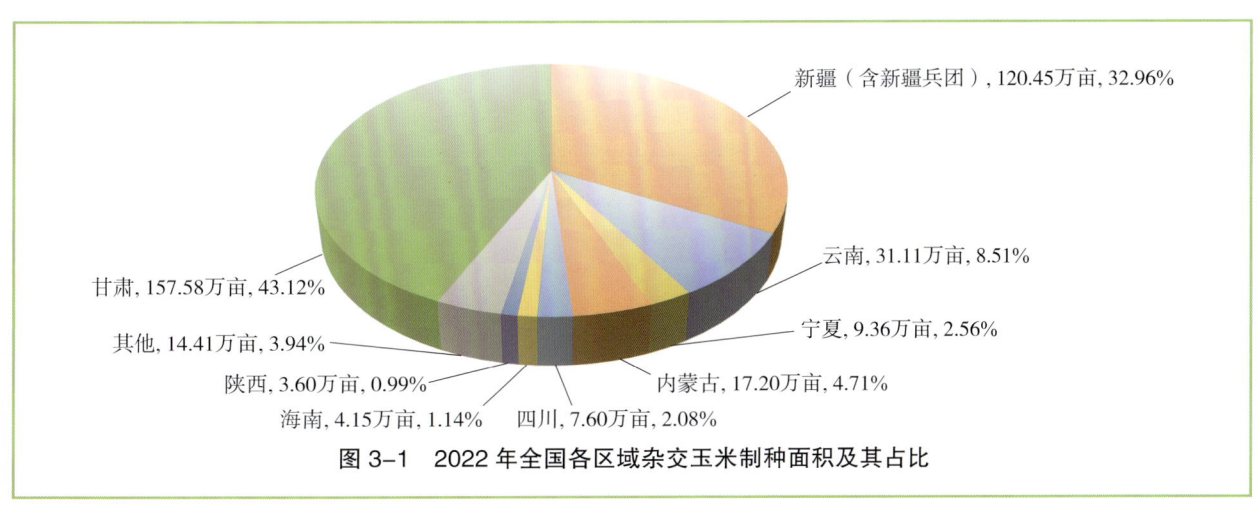

图3-1　2022年全国各区域杂交玉米制种面积及其占比

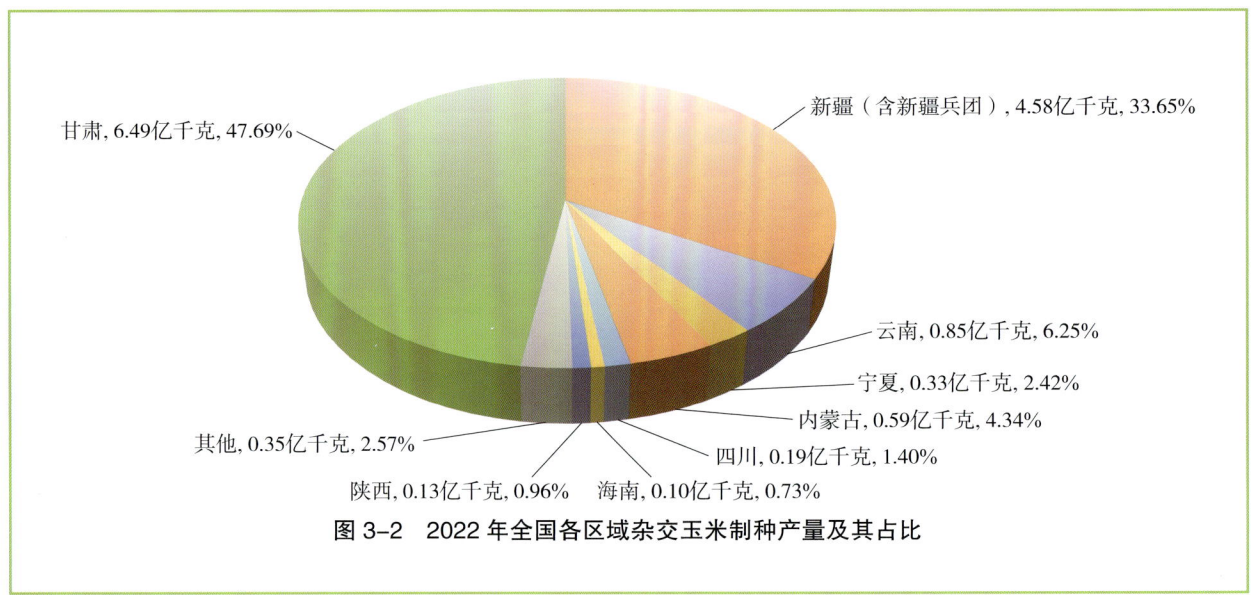

图 3-2 2022 年全国各区域杂交玉米制种产量及其占比

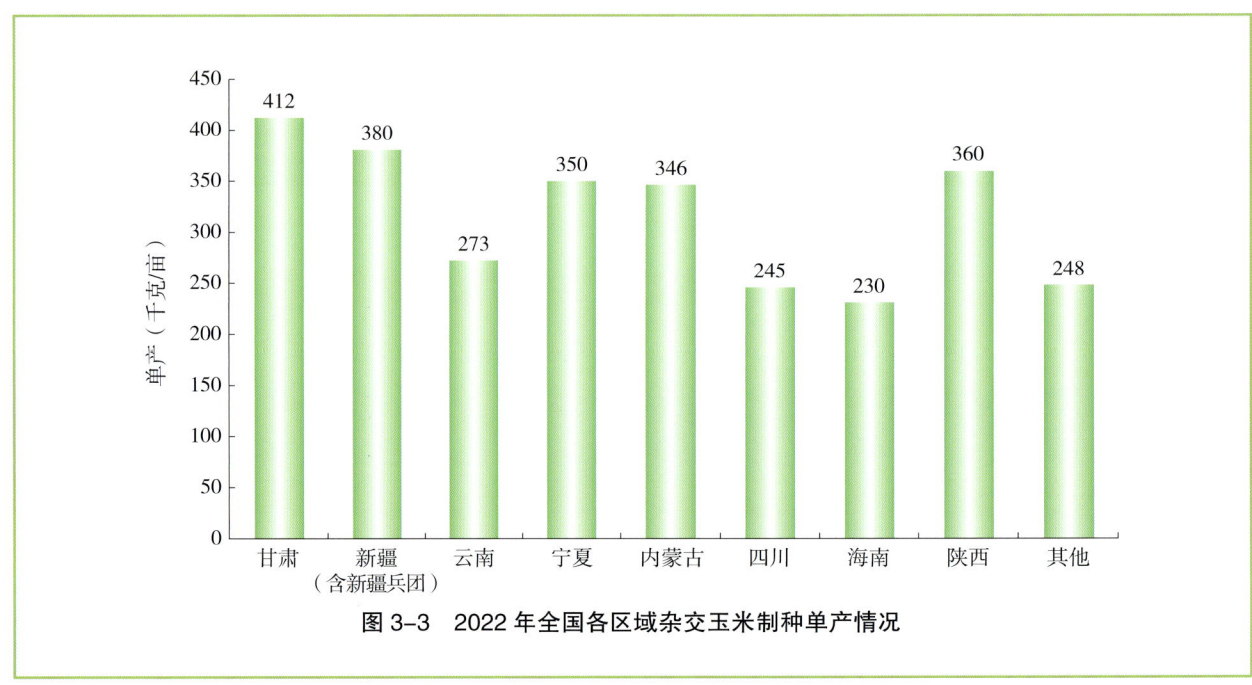

图 3-3 2022 年全国各区域杂交玉米制种单产情况

2022 年，全国新产玉米种子 13.61 亿千克，较 2021 年增加 3.21 亿千克；单产 372 千克/亩，与 2021 年基本持平，与近 5 年平均水平相比，处于历史中位水平。甘肃、新疆等省（区）部分基地制种授粉期遭遇持续高温天气，部分早熟和极早熟制种组合减产 10 个到 15 个百分点；甘肃、新疆、宁夏、四川部分基地灌浆期遭遇连阴雨，部分热带血缘品种出现早衰，千粒重下降 5 个到 10 个百分点；其余基地均属于正常年份，产量与往年持平。2003—2022 年全国杂交玉米种子制种面积与产量情况见图 3-4 至图 3-6。

图 3-4 2003—2022 年全国杂交玉米种子制种面积变动状况

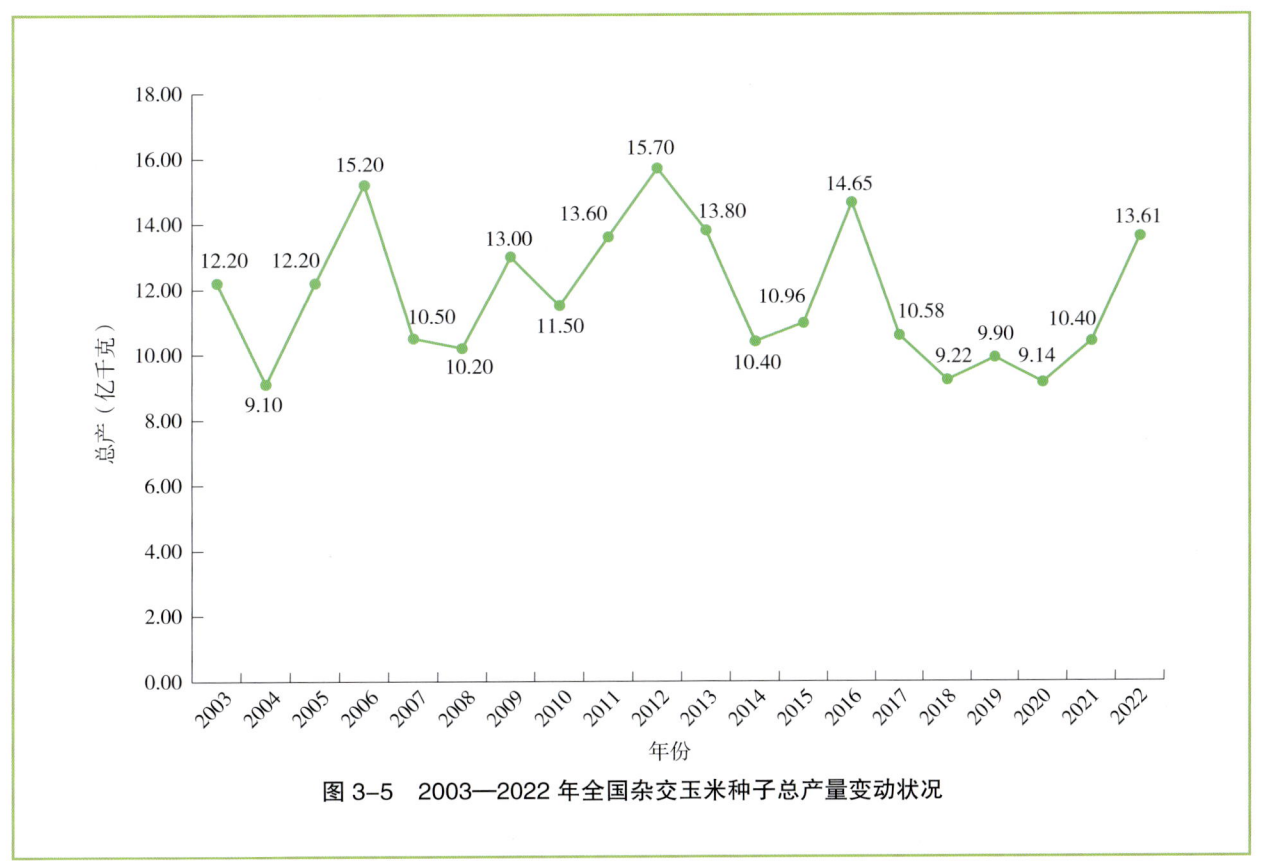

图 3-5 2003—2022 年全国杂交玉米种子总产量变动状况

图 3-6　2003—2022 年全国杂交玉米制种单产变动状况

2023 年杂交玉米种子总供给量约为 16.5 亿千克，较 2022 年增加 10%，总需求量保持 11.5～12.0 亿千克高位，供需比约 140%，种子供需总体平衡有余。玉米商品粮价保持高位，农民种植大田玉米积极性较高，2023 年播种结束后杂交玉米种子库存量约 4 亿千克，期末库存量与年度需种量比率增加到 35%，种子进入合理库存水平。

（二）杂交水稻种子

2022 年，全国杂交水稻制种面积 197 万亩，较 2021 年增加 40 万亩，增幅 25%。2022 年，福建、湖南、四川、江苏、江西、海南 6 省制种面积同比均有不同程度增加，6 省共计落实制种 169.1 万亩，占全国总面积的 86%，产量合计达到 2.42 亿千克，占全国总产的 86%。

2022 年，全国新产杂交水稻种子 2.83 亿千克，与 2021 年基本持平，与近 5 年平均水平相比，增加 0.3 亿千克，增幅 12%。单产 144 千克/亩，较 2021 年减少 31 千克/亩，减幅 18%，与近 5 年平均水平相比，减少 21 千克/亩，减幅 13%。2022 年是杂交水稻制种受灾较重的年份，7 月以来，长江流域出现历史罕见的持续高温少雨天气，部分地区高温干旱叠加，对正处于授粉期的杂交水稻制种造成严重影响，导致种子生产结实率低、千粒重下降，江苏、浙江、湖北 3 省基地受灾减产较重。2022 年全国各区域杂交水稻制种面积、产量及其占比和单产情况见图 3-7 至图 3-9。

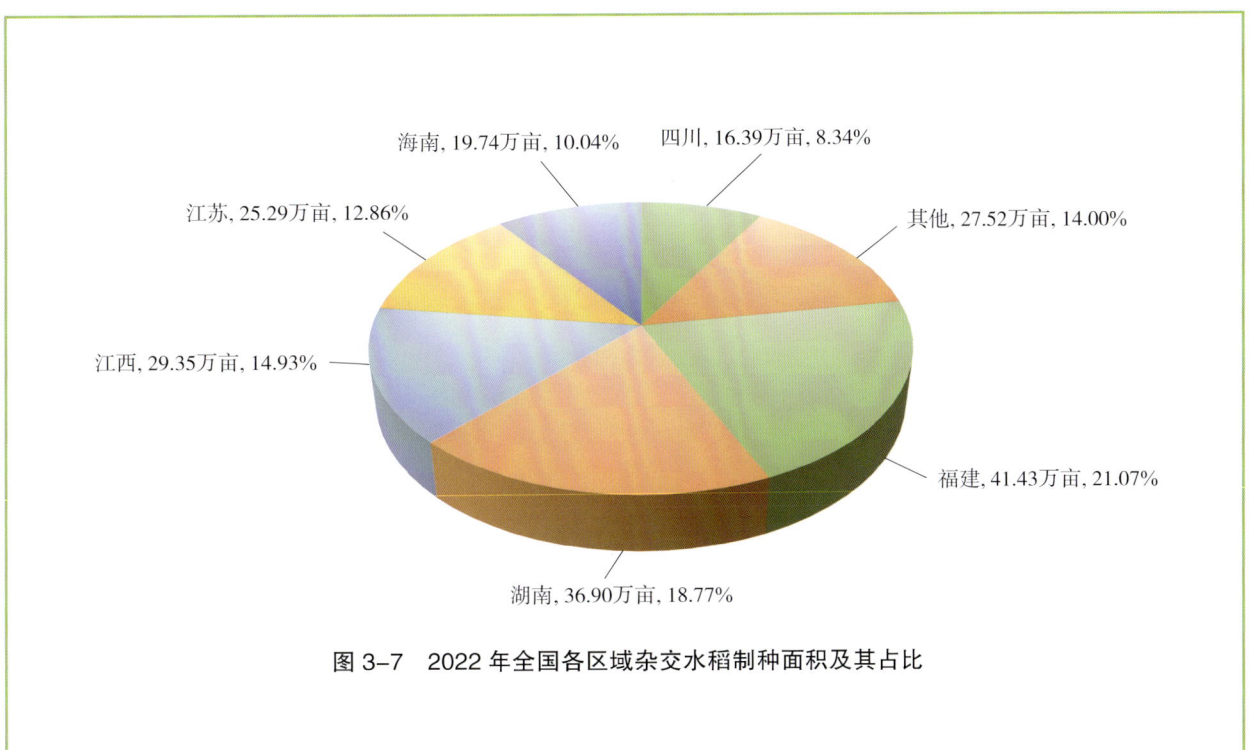

图 3-7　2022 年全国各区域杂交水稻制种面积及其占比

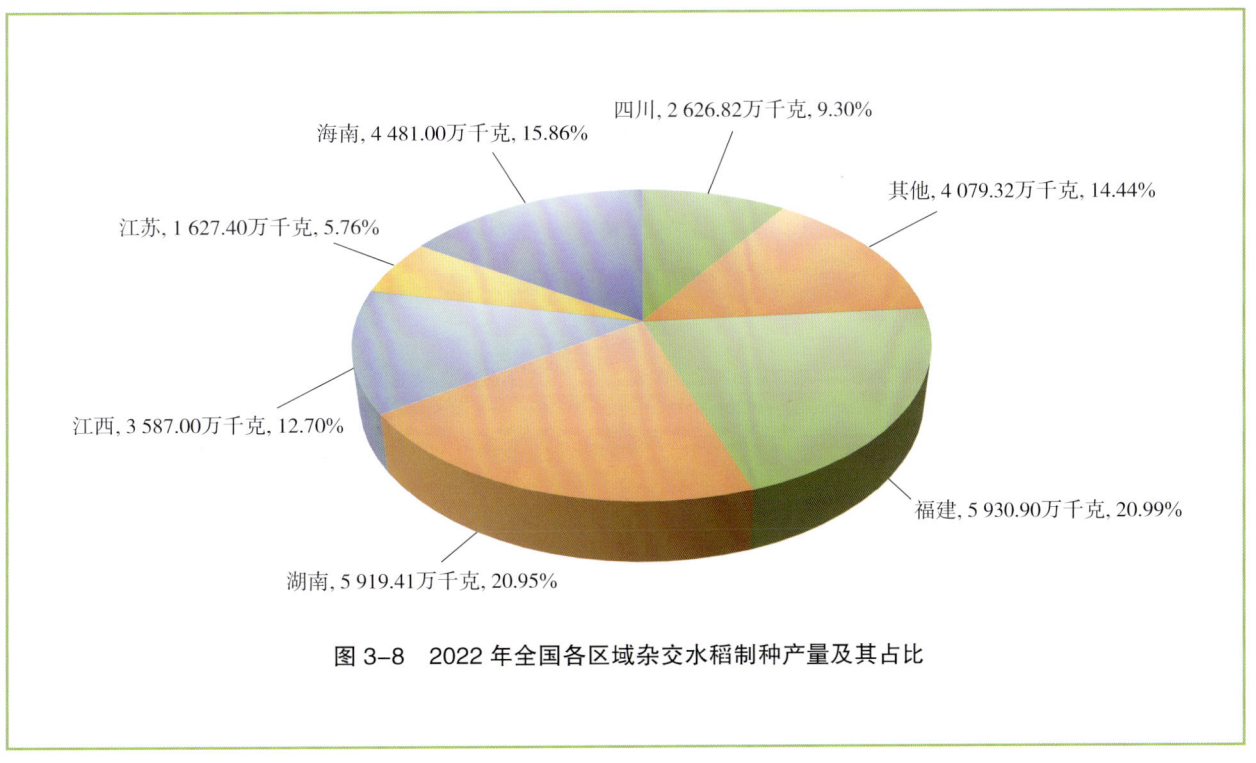

图 3-8　2022 年全国各区域杂交水稻制种产量及其占比

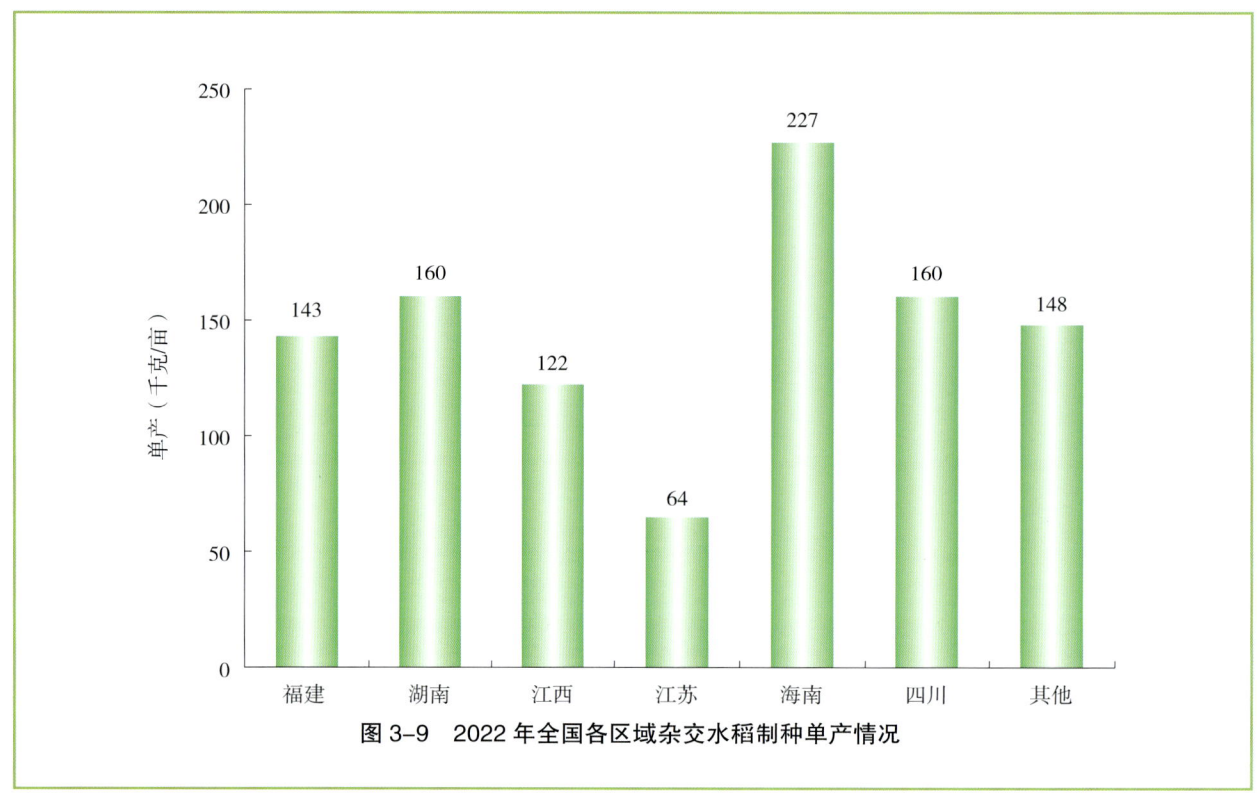

图 3-9　2022 年全国各区域杂交水稻制种单产情况

2003—2022 年全国杂交水稻种子制种面积与产量情况见图 3-10 至图 3-12。

图 3-10　2003—2022 年来全国杂交水稻种子制种面积变动状况

图 3-11　2003—2022 年来全国杂交水稻种子总产量变动状况

图 3-12　2003—2022 年来全国杂交水稻制种单产变动状况

从总供给看，2022 年杂交水稻新产种子 2.83 亿千克，加上期末有效库存 0.5 亿千克，可供种子总量 3.33 亿千克。2023 年双季稻种植面积趋稳，总需种量 2.5 亿千克，供需比约为 130%，种子供应充足有保障。

（三）其他重要农作物种子生产

2022 年，全国大豆繁种 511.2 万亩，单产 172 千克/亩，新产种子 8.8 亿千克，较 2021 年增加 1.28 亿千克，增幅 17%。分产区看，北方春大豆区主要繁种基地气候条件适宜、长势良好，总供种量 6.6 亿千克，商品种子需求量约 4.1 亿千克，供需比 161%，种子供给充足有余。黄淮海、长江流域及西南大豆区总供种量 2.2 亿千克，商品种子需求量预计 1.3 亿千克，供需比 169%。山东嘉祥及周边地区，受苗期强降雨与生长期高温干旱影响，大豆繁种单产较 2021 年增加 5%~10%、较常年减少 5%。

2022 年，冬小麦繁种面积 1 317 万亩、实际收获 1 087 万亩，单产 446 千克/亩，较 2021 年下降 64 千克，降幅 12.5%，新产种子 48.5 亿千克，降幅 22.3%。2023 年 5 月下旬，河南、安徽、陕西等多地出现持续阴雨天气，部分小麦繁种田出现穗萌动、穗发芽等现象，受灾报废种子田 231 万亩，占比 17.5%，种子粒重、发芽率等商品性状不及往年，加工耗损率达到 10%~15%（常年 5% 左右），这是近 60 年来小麦繁种收获期遇到的最严重的烂场雨。冬油菜制繁种收获面积 23.8 万亩，其中杂交油菜 19.1 万亩，常规油菜 4.7 万亩，新产油菜种子 2 546 万千克，较 2021 年增长 26.2%。

2022 年，常规稻繁种收获面积 228 万亩，单产 519 千克/亩，新产种子 11.8 亿千克，较 2021 年增加 2.3 亿千克，增幅 24%。其中，北方稻区新产种子 6.8 亿千克，较 2021 年增加 36%，南方稻区新产种子 5 亿千克，较 2021 年增加 11%。棉花制繁种收获面积 169 万亩，较 2021 年减少 7 万亩，新产种子 1.75 亿千克，与 2021 年基本持平。其中，杂交棉制种收获面积 0.7 万亩、新产种子 57 万千克，常规棉繁种收获面积 168 万亩、新产种子 1.75 亿千克。马铃薯繁种收获面积 209 万亩，繁种单产略低于常年，新产种薯 43 亿千克，陕西省可供脱毒试管苗 900 万株。春小麦繁种收获面积 55 万亩，新产种子 1.96 亿千克，分别较 2021 年减少 7 万亩、0.28 亿千克。春油菜繁种收获面积 9.33 万亩，新产种子 1 144 万千克，分别较 2021 年增加 0.3 万亩，持平。按照常年的需种量和商品化率计算，上述作物商品种子供应量均能有效满足 2023 年大田生产需求。

二、重要农作物种子使用情况

根据 30 个省（区、市，除西藏外）2 266 个农业县主要农作物种子使用情况调查，2022 年全国 7 种重要农作物用种面积 18.11 亿亩，总用种量 97.85 亿千克，商品化率为 71.92%，商品种子使用量 70.38 亿千克。

（一）种子使用总量

1. 用种面积[①]

2022 年，全国玉米、水稻、小麦、大豆、马铃薯、棉花、油菜 7 种重要农作物用种面积 18.11 亿亩，较 2021 年增加 0.18 亿亩。其中玉米 6.46 亿亩，水稻 4.42 亿亩，小麦 3.53 亿亩，油菜 1.09 亿亩，大豆 1.54 亿亩，马铃薯 0.63 亿亩，棉花 0.45 亿亩。7 种重要农作物用种面积占比见图 3-13。

---

① 玉米、水稻、小麦、棉花采用国家统计局数据，油菜、大豆采用种植业司数据，其他作物采用全国农业技术推广服务中心夏季供需调度大田面积数据。

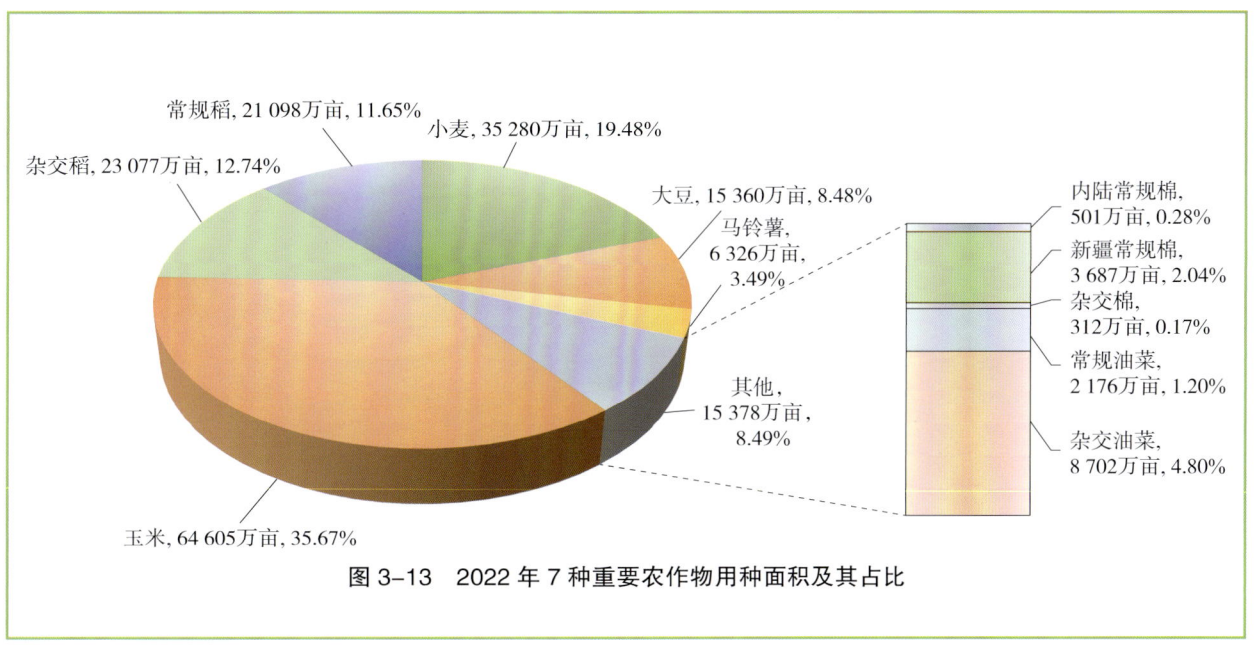

图 3-13　2022 年 7 种重要农作物用种面积及其占比

2. 亩用种量

2022 年，杂交玉米亩用种量为 1.81 千克/亩，与 2021 年基本持平。杂交水稻亩用种量为 1.19 千克/亩，与 2021 年基本持平。2013—2022 年"两杂"种子亩用种量变化情况见图 3-14。

图 3-14　2013—2022 年全国"两杂"种子亩用种量

2022 年，全国小麦亩用种量为 13.88 千克/亩，较 2021 年减少 0.39 千克/亩。2013—2022 年小麦亩用种量变化情况见图 3-15。

图 3-15　2013—2022 年全国小麦种子亩用种量

2022 年，常规稻和大豆亩用种量分别为 4.35 千克/亩、4.42 千克/亩，分别较 2021 年增加 0.10 千克/亩、减少 0.99 千克/亩。2013—2022 年常规稻和大豆亩用种量变化情况见图 3-16。

图 3-16　2013—2022 年全国常规稻和大豆种子亩用种量

2022 年，马铃薯亩用种量为 137.79 千克/亩，较 2021 年增加 5.89 千克/亩。2013—2022 年马铃薯亩用种量变化情况见图 3-17。

图 3-17　2013—2022 年全国马铃薯种薯亩用种量

2022 年，杂交棉亩用种量为 0.51 千克/亩，较 2021 年下降 0.14 千克/亩。杂交油菜、常规油菜亩用种量分别为 0.19 千克/亩、0.48 千克/亩。2013—2022 年油菜、杂交棉亩用种量变化情况见图 3-18。

图 3-18　2013—2022 年全国油菜和杂交棉种子亩用种量

2022 年，内陆常规棉[①]和新疆常规棉亩用种量分别为 1.37 千克/亩、1.94 千克/亩，较 2021 年

---

① 除新疆以外棉花种植区。

分别减少 0.26 千克 / 亩、增加 0.23 千克 / 亩。2013—2022 年常规棉亩用种量变化情况见图 3-19。

图 3-19　2013—2022 年全国常规棉种子亩用种量

3. 种子使用总量

2022 年，7 种重要农作物种子使用总量为 97.85 亿千克，各作物种子使用量情况见表 3-1。

表 3-1　2022 年各作物种子使用量情况

作物	用种面积（万亩）	种子使用总量（万千克）	亩用种量（千克）
玉米	64 605	116 697.93	1.81
杂交稻	23 077	27 556.67	1.19
常规稻	21 098	91 678.07	4.35
小麦	35 280	489 632.58	13.88
大豆	15 360	67 853.79	4.42
马铃薯	6 326	174 332.13*	137.79
内陆常规棉	501	683.59	1.37
新疆常规棉	3 687	7 160.00	1.94
杂交棉	312	158.23	0.51
常规油菜	2 176	1 048.34	0.48
杂交油菜	8 702	1 674.91	0.19
合计	181 124	978 476.23	—

* 表示马铃薯种薯按 5∶1 折算，下同。

（二）商品种子使用量

1. 种子商品化率

根据各地调查的种子商品化率，用各地各作物的面积加权估算出全国7种重要农作物种子商品化率见图3-20。

图3-20　2022年全国7种重要农作物种子商品化率

2022年，7种重要农作物种子商品化率为71.92%，较2021年减少2.14个百分点。2013—2022年7种重要农作物种子商品化率变化趋势见图3-21。

图3-21　2013—2022年全国7种重要农作物种子商品化率

2022年，全国小麦种子商品化率为72.24%，较2021年减少4.24个百分点；常规稻种子商品化率为65.61%，与2021年基本持平。2013—2022年小麦和常规稻种子商品化率变化趋势见图3-22。

图3-22　2013—2022年全国小麦和常规稻种子商品化率

2022年，全国大豆种子商品化率为78.40%，较2021年增加1.42个百分点；内陆常规棉种子商品化率为93.03%，较2021年增加0.52个百分点。2013—2022年大豆和内陆常规棉种子商品化率变化趋势见图3-23。

图3-23　2013—2022年全国大豆和内陆常规棉种子商品化率

2022年，全国马铃薯商品化率为47.18%，较2021年减少2.48个百分点；常规油菜种子商品化率为51.05%，较2021年减少13.83个百分点。2013—2022年马铃薯种薯和常规油菜种子商品化率变化趋势见图3-24。

图3-24　2013—2022年全国马铃薯种薯和常规油菜种子商品化率

2. 商品种子使用量

利用7种重要农作物2022年总用种量及其种子商品化率，计算出的各作物商品种子使用量见下表3-2。

表3-2　2022年7种重要农作物的商品种子使用量

作物	种子使用总量（万千克）	种子商品化率（%）	商品种子使用量（万千克）
玉米	116 697.93	100.00	116 697.93
杂交稻	27 556.67	100.00	27 556.67
常规稻	91 678.07	65.61	60 151.77
小麦	489 632.58	72.24	353 728.61
大豆	67 853.79	78.40	53 199.57
马铃薯	174 332.13*	47.18	82 257.41*
内陆常规棉	683.59	93.03	635.93
新疆常规棉	7 160.00	100.00	7 160.00
杂交棉	158.23	100.00	158.23
常规油菜	1 048.34	51.05	535.20
杂交油菜	1 674.91	100.00	1 674.90
合计	978 476.32	71.92	703 756.24

（三）种子进出口

2022年，我国农作物种子进出口总量10.21万吨，同比减少21.7%。其中，进口量7.09万吨，

同比减少26.8%；出口量3.12万吨，同比减少6.6%。进出口总额7.96亿美元，同比增长2.0%。其中，进口额5.35亿美元，同比增长1.1%，占进出口总额67%；出口额2.61亿美元，同比增长4.0%，占进出口总额33%。贸易逆差2.74亿美元。与2021年相比，2022年农作物种子贸易量有较大幅度下降，贸易额略有增长。在近五年里，农作物种子进口整体表现为曲折上升，出口较为平稳上升。进口额始终大于出口额，呈贸易逆差。

进口方面，2022年进口量最大的农作物种子是黑麦草种子，进口量3.38万吨，同比减少0.5%，占进口总量48%。我国进口的黑麦草种子主要来源于美国。进口额最大的农作物种子是蔬菜种子，进口额为2.73亿美元，同比增长12.6%，占进口总额51%。我国从近50个国家进口蔬菜种子，以智利、泰国、美国、日本等国为主。2022年农作物种子前十大进口来源国分别为：美国（27%）、智利（12%）、丹麦（11%）、泰国（6%）、意大利（5%）、日本（5%）、德国（5%）、南非（4%）、阿根廷（4%）、加拿大（3%）。在这些主要进口来源国中，我国从美国和加拿大主要进口黑麦草等饲料作物种子和部分蔬菜种子，从智利、泰国、南非主要进口蔬菜种子，从日本主要进口蔬菜种子和草本花卉植物种子，从德国主要进口糖甜菜种子。

出口方面，2022年出口量最大的农作物种子是水稻种子，出口量2.30万吨，同比减少8.6%，占出口总量74%。我国水稻种子主要出口到亚洲国家，以巴基斯坦、菲律宾、越南为主。出口额最大的农作物种子是蔬菜种子，出口额为1.34亿美元，同比增长16.6%，占出口总额51%。我国向80多个国家出口蔬菜种子，以荷兰、美国、韩国为主。2022年农作物种子前十大出口目的国分别为：巴基斯坦（20%）、荷兰（12%）、美国（11%）、菲律宾（10%）、韩国（9%）、越南（7%）、日本（6%）、意大利（4%）、约旦（3%）、孟加拉国（2%）。根据出口作物类别，这些主要出口目的国主要分为两类，一类以巴基斯坦、菲律宾、越南为代表，主要出口水稻种子，同时我国还向巴基斯坦和菲律宾出口部分蔬菜种子，以及向越南出口部分玉米种子和大豆种子；另一类以荷兰、美国、日本、意大利为代表，主要出口蔬菜种子和草本花卉植物种子。

三、重要农作物种子价格与市值

（一）商品种子价格

商品种子价格受生产成本、粮价政策、供求关系、作物及其品种、销售时间、销售区域、种子企业与零售商策略等多种因素的影响。本报告根据2022年各省（区、市）统计的重要作物种子市场零售价，按各省作物商品种子需求量权重做加权平均处理，得到全国重要农作物种子市场零售价格如下。

1."两杂"种子市场价格

2022年，杂交玉米种子市场零售价格为32.30元/千克，较2021年上涨5.19元/千克；杂交稻种子市场零售价格为64.73元/千克，较2021年下降1.40元/千克。2013—2022年"两杂"种子市场零售价变化趋势见图 3-25。

图 3-25　2013—2022 年"两杂"种子市场零售价

2. 其他重要农作物种子价格

2022 年，马铃薯种薯和小麦种子市场价格分别为 3.07 元/千克和 4.56 元/千克，分别较 2021 年上涨 0.07 元/千克、0.19 元/千克。2013—2022 年马铃薯种薯与小麦种子市场零售价变化趋势见图 3-26。

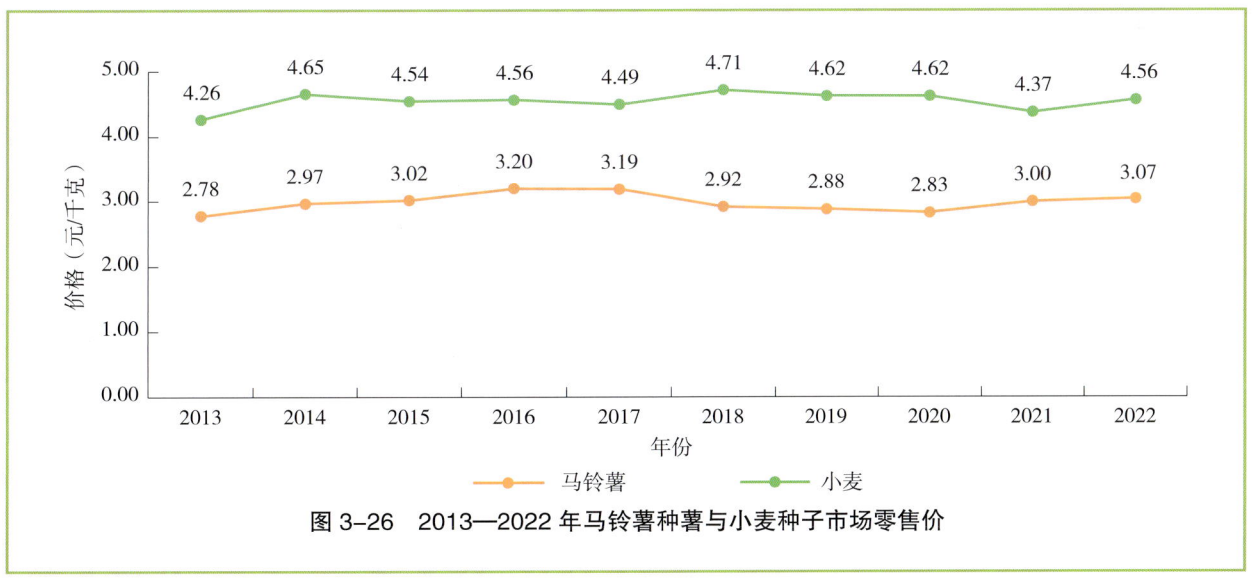

图 3-26　2013—2022 年马铃薯种薯与小麦种子市场零售价

2022 年，常规稻种子市场价格为 8.02 元/千克，较 2021 年下降 0.60 元/千克；大豆种子市场价格为 10.08 元/千克，较 2021 年上涨 0.96 元/千克；2013—2022 年常规稻与大豆种子市场零售价变化趋势见图 3-27。

图 3-27　2013—2022 年常规稻与大豆种子市场零售价

2022 年，杂交棉种子市场零售价为 104.96 元/千克，较 2021 年上涨 5.54 元/千克。内陆常规棉和新疆常规棉种子市场零售价分别为 23.63 元/千克和 28.00 元/千克，较 2021 年分别下降 1.42 元/千克、基本持平。2013—2022 年杂交棉、内陆常规棉与新疆常规棉种子市场零售价变化趋势如图 3-28。

图 3-28　2013—2022 年杂交棉、内陆常规棉与新疆常规棉种子市场零售价

2022 年，杂交油菜种子市场零售价格为 107.02 元/千克，较 2021 年下降 14.60 元/千克，降幅 12%，主要原因是杂交冬油菜和杂交春油菜种植面积最大的省（区）湖南、内蒙古都采用政府采购，种子价格仅为市场价格的一半。常规油菜种子市场零售价为 28.13 元/千克，较 2021 年上涨 3.21 元/千克，涨幅 12.9%，主要受种子生产加工成本及油菜扩种需求增加的影响。2013—2022 年杂交油菜

与常规油菜种子市场零售价变化趋势如图3-29所示。

图3-29 2013—2022年杂交油菜与常规油菜种子市场零售价

（二）种子市值及分布

1. 种子市场规模

根据7种重要农作物商品种子使用量、种子价格计算，2022年全国重要农作物种子市值合计987.36亿元。根据业内专家估算，花生、瓜类、蔬菜、花卉类作物的市值约290亿元，其他类种子市值（杂粮、甘蔗、水果苗木等）约55亿元，全国种子市场总规模约1 332亿元。种子市场细分情况见表3-3。

表3-3 2022年我国农作物种子市场价值情况

作物	商品种子使用量（万千克）	加权单价（元/千克）	市值（亿元）
玉米	116 697.93	32.30	376.93
杂交稻	27 556.67	64.73	178.37
常规稻	60 151.77	8.02	48.24
小麦	353 728.61	4.56	161.30
大豆	53 199.57	10.08	53.62
马铃薯	82 257.41*	3.07	126.25
内陆常规棉	635.93	23.63	1.50
新疆常规棉	7 160.00	28.00	20.05
杂交棉	158.23	104.96	1.66
常规油菜	535.20	28.13	1.51
杂交油菜	1 674.90	107.02	17.92
瓜、菜、花	—	—	290.00
其他	—	—	55.00
合计	—	—	1 332.36

2022年，种子市值较2021年（1 280.56亿元）增加51.80亿元，增幅为4.05%。1999—2022年我国农作物种子市值变动状况见图3-30。

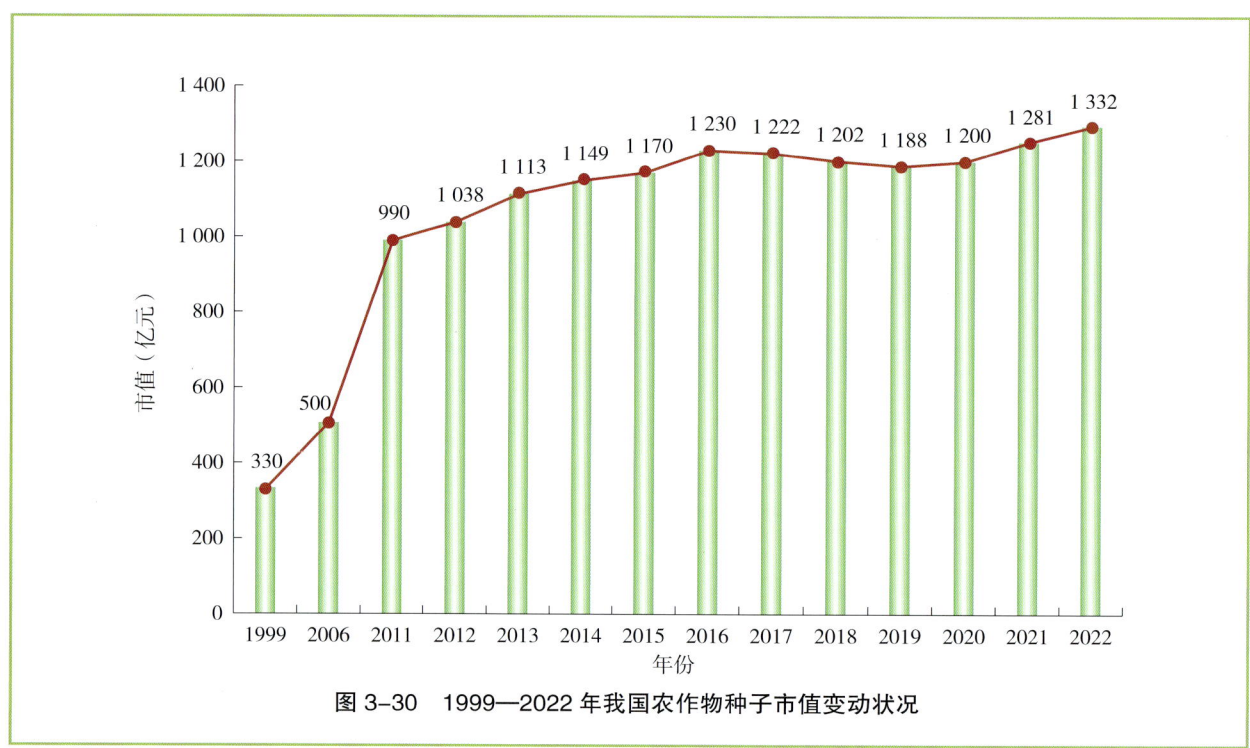

图3-30　1999—2022年我国农作物种子市值变动状况

2022年，全国杂交玉米种子市值为376.93亿元，较2021年增加65.06亿元，增幅20.86%。2013—2022年杂交玉米种子市值情况变化趋势见图3-31。

图3-31　2013—2022年杂交玉米种子市值情况

2022年，全国杂交水稻种子市值为178.37亿元，较2021年增加1.71亿元，增幅0.97%；常规水稻种子市值为 48.24 亿元,较 2021 年减少 6.45 亿元,降幅 11.79%。2013—2022 年杂交水稻与常规水稻种子市值情况变化见图 3-32。

图 3-32　2013—2022 年杂交水稻与常规水稻种子市值情况

2022 年,全国大豆种子市值为 53.62 亿元,较 2021 年增加 7.27 亿元,增幅 15.69%;小麦种子市值为 161.30 亿元,较 2021 年下降 7.23 亿元,降幅 4.29%;马铃薯种薯市值为 126.25 亿元,较 2021 年下降 9.42 亿元,降幅 6.94%。2013—2022 年大豆、小麦、马铃薯种子市值变化趋势见图 3-33。

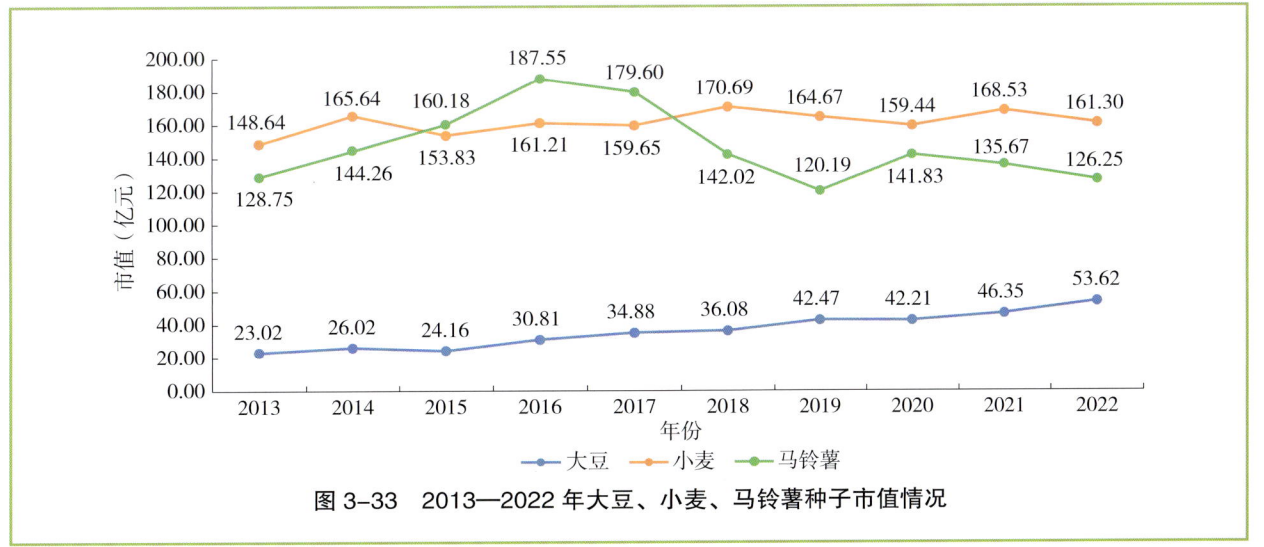

图 3-33　2013—2022 年大豆、小麦、马铃薯种子市值情况

2022 年,全国新疆常规棉、内陆常规棉种子市值分别为 20.05 亿元、1.50 亿元,较 2021 年分别增加 2.63 亿元、0.26 亿元,增幅分别为 15.10%、20.97%。杂交棉种子市值为 1.66 亿元,较 2021 年减少 1.83 亿元,降幅 52.44%。2013—2022 年内陆常规棉、新疆常规棉与杂交棉种子市值情况变化

见图 3-34。

图 3-34 2013—2022 年新疆常规棉、内陆常规棉与杂交棉种子市值情况

2022 年，全国常规油菜种子市值为 1.51 亿元，较 2021 年增加 0.18 亿元，增幅 13.53%；杂交油菜种子市值为 17.92 亿元，减少 0.38 亿元，降幅 2.05%。2013—2022 年常规油菜与杂交油菜种子市值情况变化趋势见图 3-35。

图 3-35 2013—2022 年常规油菜与杂交油菜种子市值情况

2. 各省（区、市）种子市值

各省（区、市）对本辖区 7 种重要农作物种子市值进行了调查估算，具体情况见表 3-4〔由于各省（区、市）使用数据标准不统一，各省估算市值之和并不等于本报告中全国的种子市值〕。排名前 10 位的是山东、黑龙江、安徽、内蒙古、河南、四川、云南、新疆、江苏、河北。

表 3-4　2022 年各省（区、市）7 种重要农作物种子市值排名

序号	省（区、市）	种子市场规模（亿元）	序号	省（区、市）	种子市场规模（亿元）
1	山东	90.43	16	湖南	32.50
2	黑龙江	87.14	17	甘肃	26.06
3	安徽	73.51	18	陕西	25.37
4	内蒙古	67.61	19	辽宁	22.86
5	河南	67.46	20	江西	17.19
6	四川	63.53	21	广东	12.39
7	云南	49.87	22	重庆	12.15
8	新疆	48.93	23	浙江	9.69
9	江苏	40.21	24	福建	7.61
10	河北	39.74	25	宁夏	7.47
11	湖北	38.16	26	海南	3.26
12	贵州	36.48	27	天津	3.06
13	广西	35.89	28	青海	1.17
14	吉林	33.57	29	上海	0.42
15	山西	33.31	30	北京	0.33

3. 各重要农作物市值区域分布

2022 年，杂交水稻、常规水稻、玉米、小麦、大豆、油菜、棉花、马铃薯种子市值第一大省（区）别为安徽、黑龙江、山东、山东、黑龙江、四川、新疆、贵州。2022 年分作物种子市值排名前 10 位省（区、市）见图 3-36 至图 3-43。

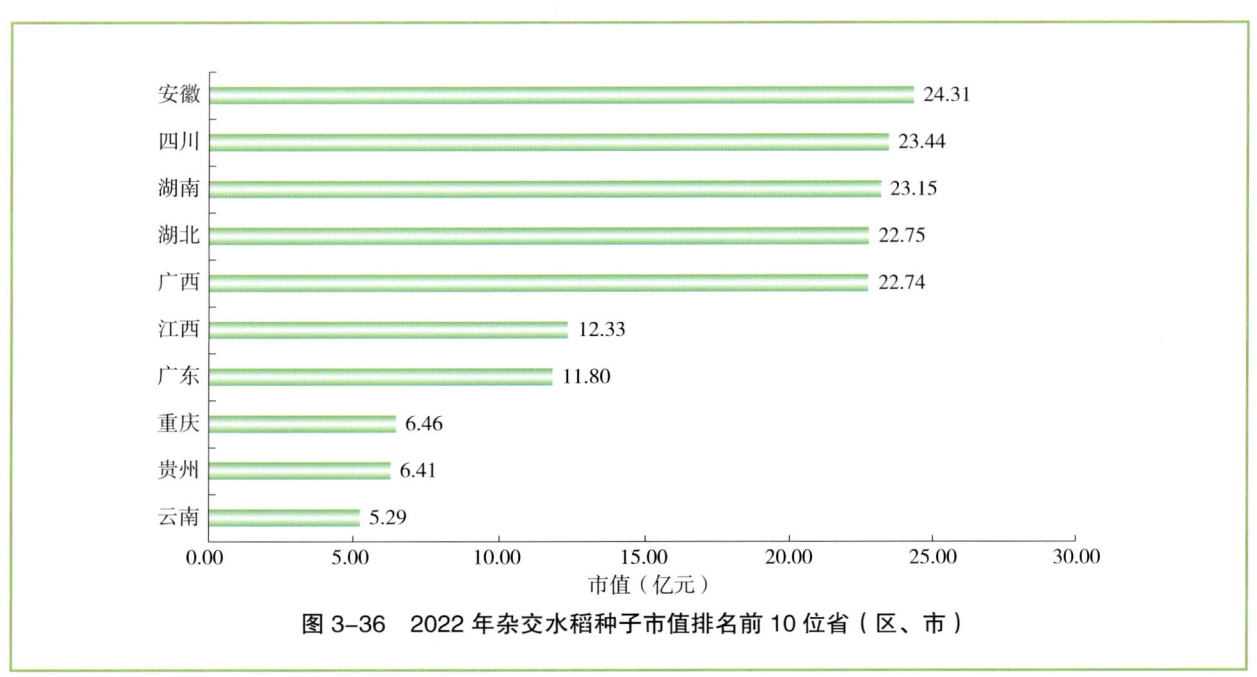

图 3-36　2022 年杂交水稻种子市值排名前 10 位省（区、市）

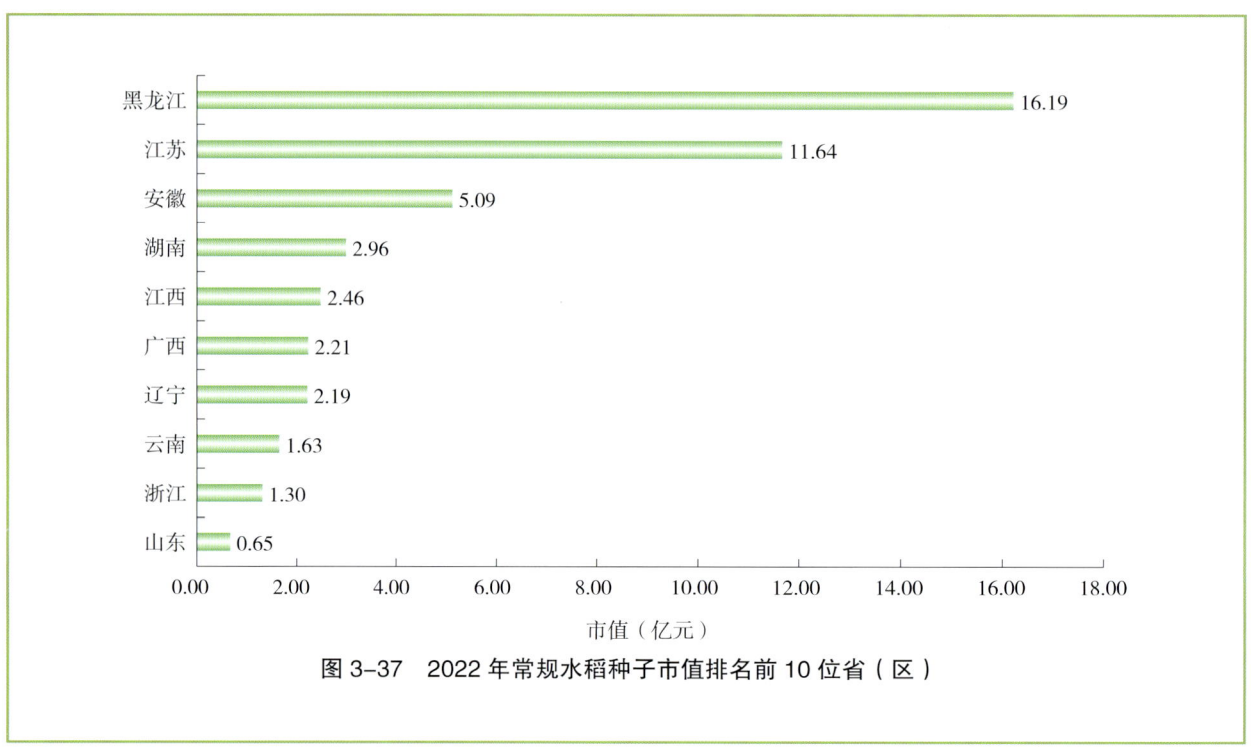

图 3-37　2022 年常规水稻种子市值排名前 10 位省（区）

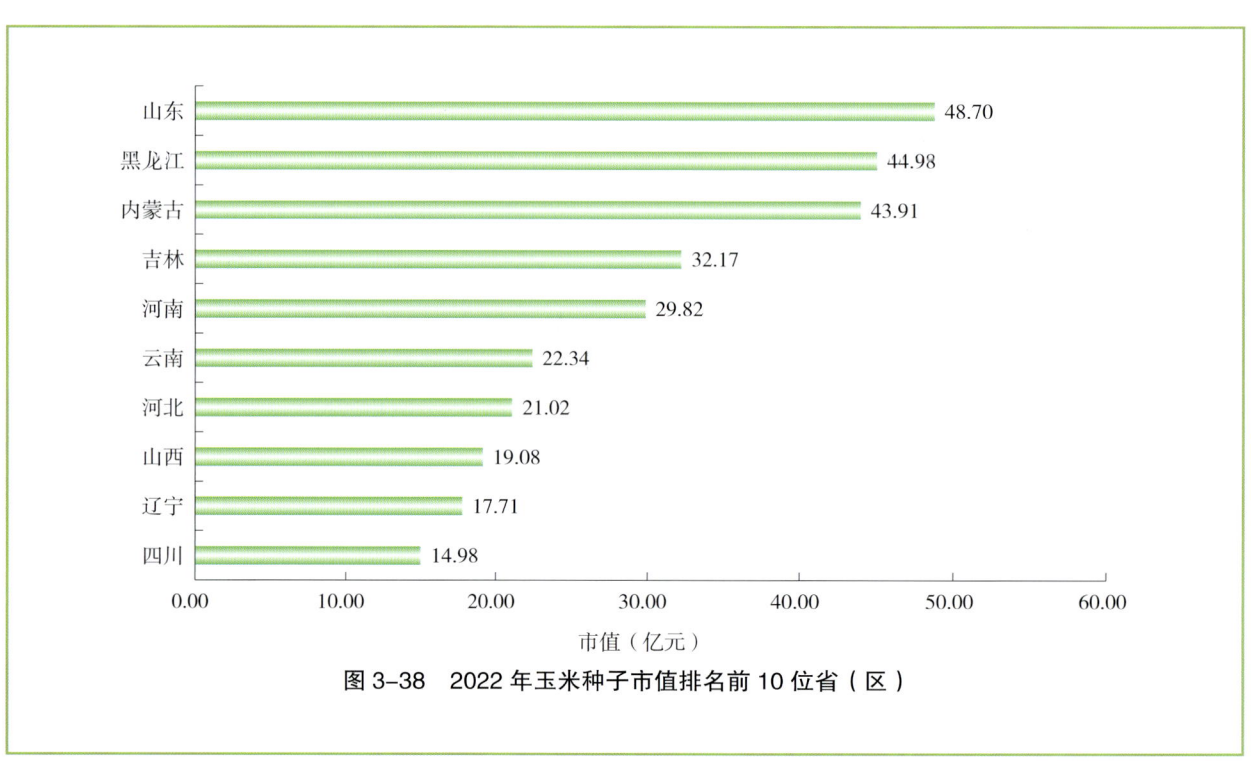

图 3-38　2022 年玉米种子市值排名前 10 位省（区）

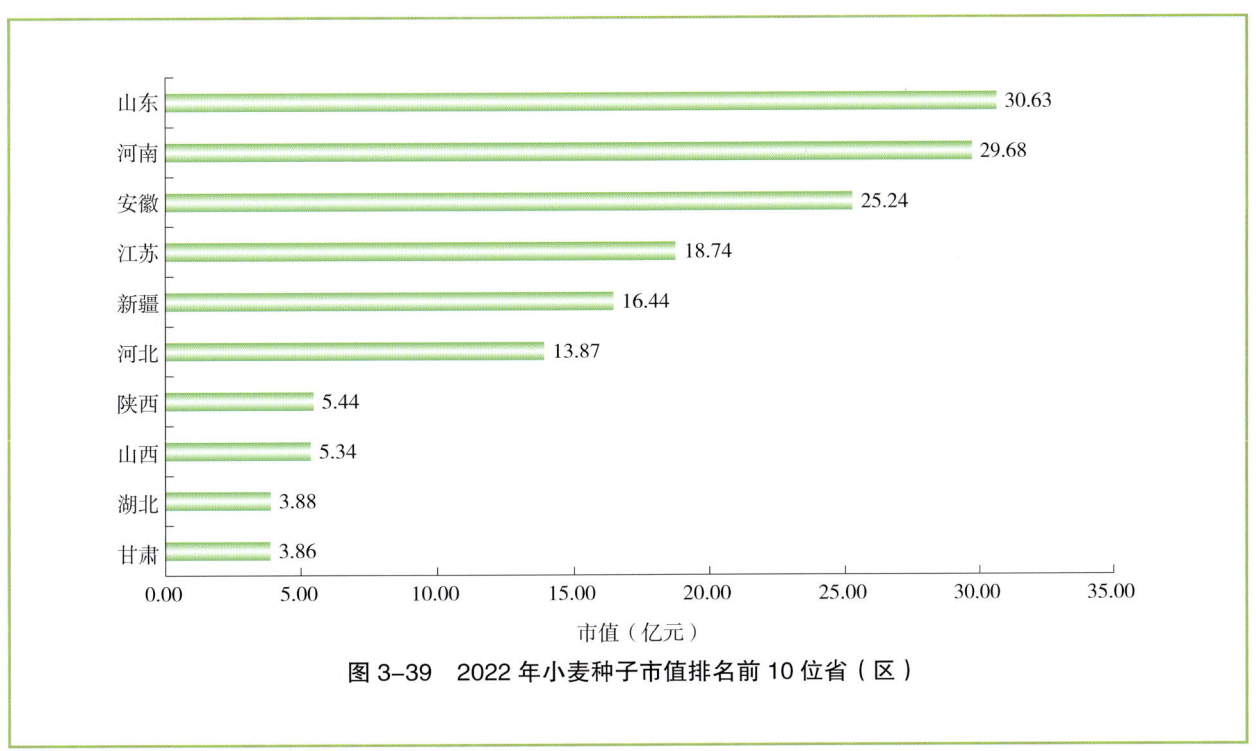

图 3-39　2022 年小麦种子市值排名前 10 位省（区）

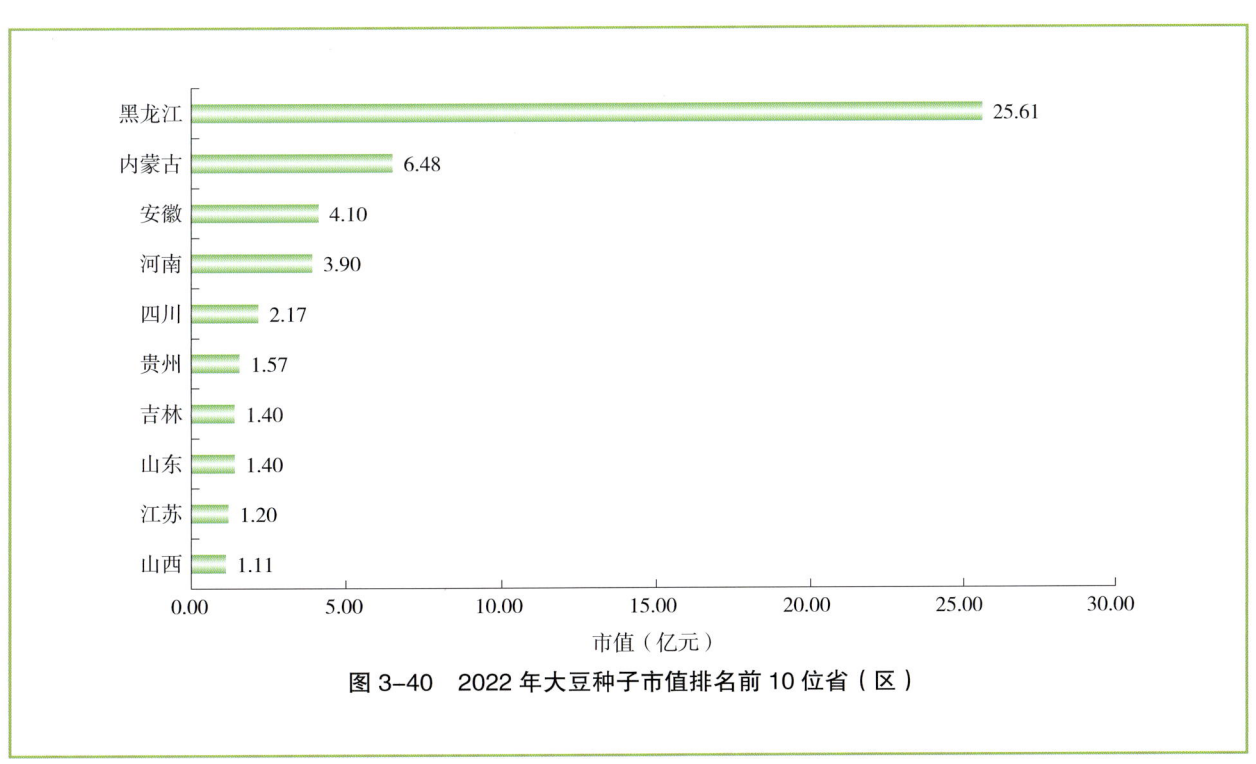

图 3-40　2022 年大豆种子市值排名前 10 位省（区）

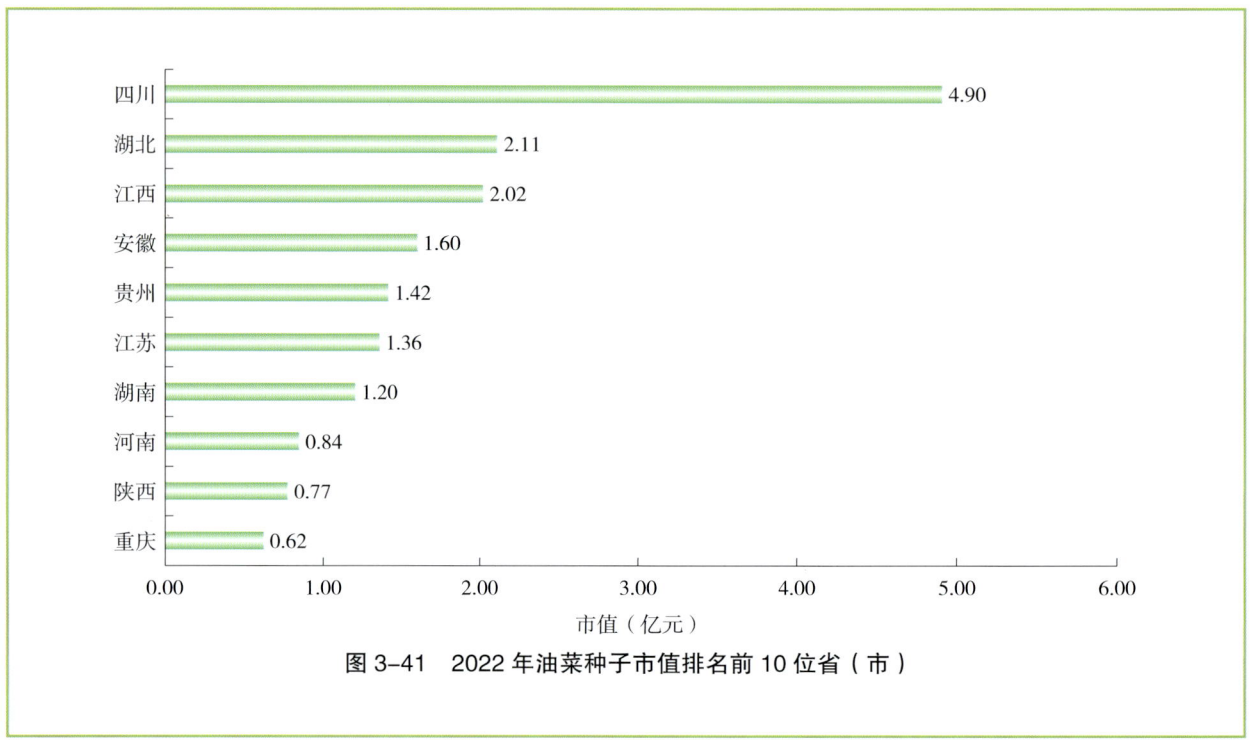

图 3-41　2022 年油菜种子市值排名前 10 位省（市）

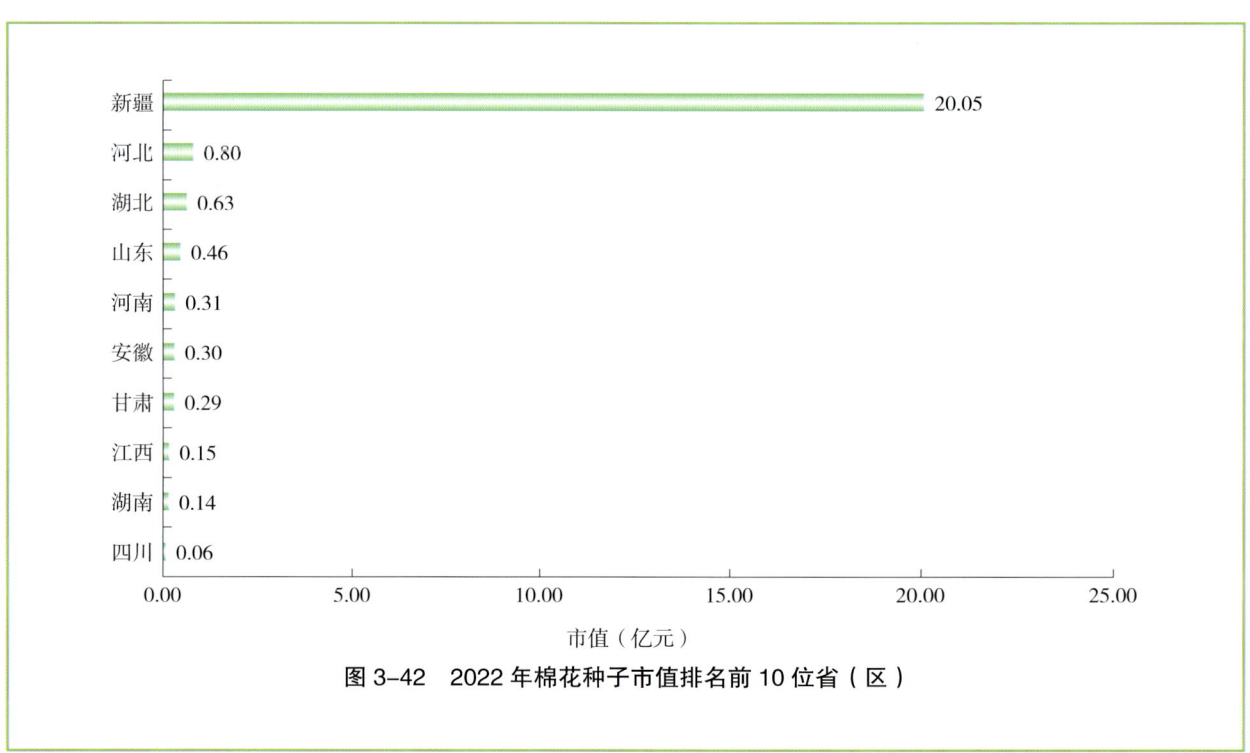

图 3-42　2022 年棉花种子市值排名前 10 位省（区）

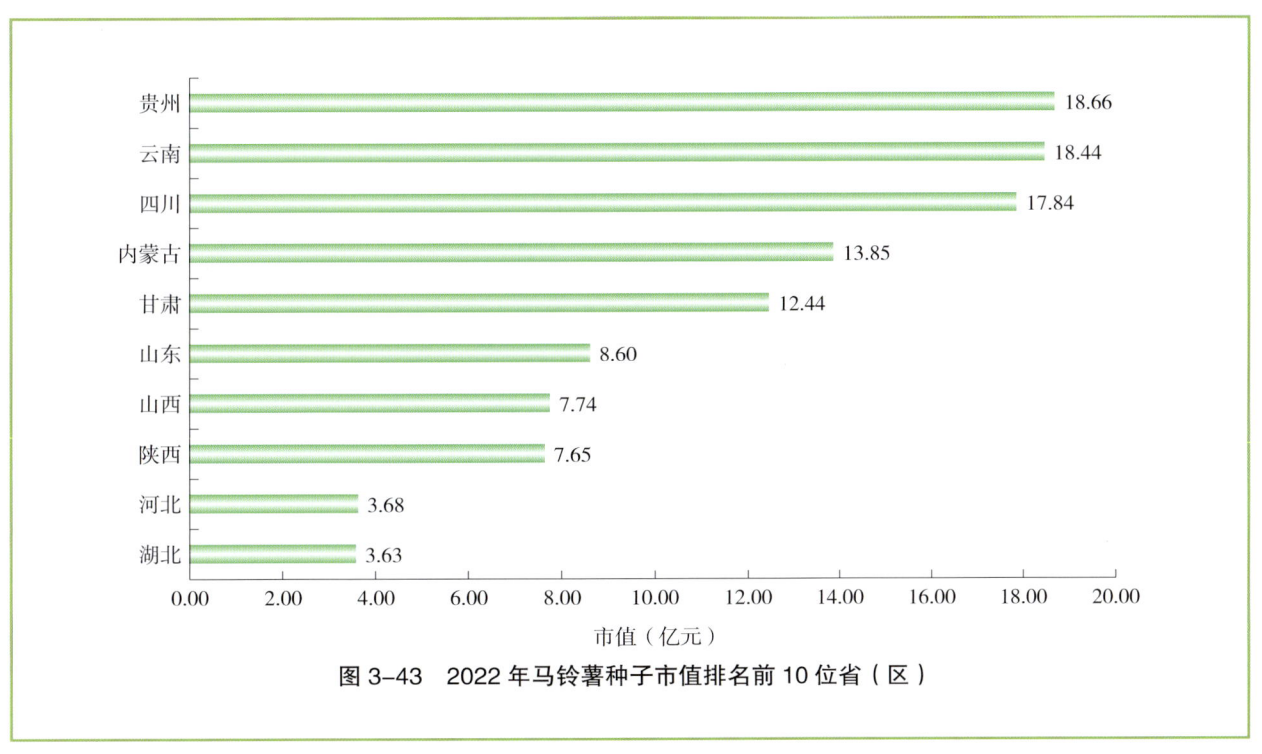

图3-43　2022年马铃薯种子市值排名前10位省（区）

四、农作物品种推广状况

（一）审定作物品种推广情况

根据全国农技中心对5种主要农作物推广面积的统计，10万亩以上品种有2 471个，其中1 000万亩以上品种有8个。

1. 玉米

2022年，推广面积在10万亩以上的玉米品种有948个，推广总面积44 427万亩。单个品种推广面积超过1 000万亩的有5个，裕丰303的推广面积最大，占全国玉米种植面积的3.65%。前10位品种为裕丰303、郑单958、中科玉505、京科968、登海605、沃玉3号、东单1331、先玉335、秋乐368、联创839，年度推广总面积为9 448万亩，占10万亩以上玉米品种推广总面积的21.27%。

前5位玉米品种种植集中度（前5位品种推广面积占10万亩以上品种推广总面积的比例，简称"CR5"）为15.56%，比2021年低0.83个百分点。

2000—2022年玉米品种CR5呈现显著的阶段性特征。2001年到2010年连续波动上升，这10年内平均集中度为32.4%，从2010年的36.24%逐年下降直到2022年的15.56%，为近二十年最低点（图3-44）。

图 3-44　2000—2022 年玉米品种的种植集中度（CR5）

2. 水稻

（1）杂交水稻。2022 年，推广面积在 10 万亩以上的杂交水稻品种有 449 个，推广总面积 15 585 万亩。前 10 位品种为晶两优华占、晶两优 534、隆两优 534、荃优 822、隆两优华占、野香优莉丝、荃优丝苗、宜香优 2115、泰优 390、C 两优华占，推广面积为 3 150 万亩，占 10 万亩以上杂交水稻品种推广总面积的 20.21%。

2022 年杂交水稻 CR5 为 12.49%，比上年提高了 0.06 个百分点。2000 年以来，杂交水稻 CR5 总体呈下降趋势，到 2010 年仅为 2001 年的 50% 左右，2010 年以后 CR5 稳定在 10% 上下，相对稳定，一直持续到 2022 年，变化区间为 8.3%～12.5%（图 3-45）。

（2）常规水稻。2022 年，推广面积在 10 万亩以上的品种有 280 个，推广总面积 13 882 万亩。前 10 位品种为龙粳 31、绥粳 27、黄华占、南粳 9108、中嘉早 17、湘早籼 45 号、绥粳 28、绥粳 18、中早 39、淮稻 5 号，推广面积为 4 643 万亩，占 10 万亩以上品种推广总面积的 33.45%。常规水稻 CR5 为 23.67%，比上年降低了 0.15 个百分点。从趋势看，相比杂交水稻品种，常规水稻 CR5 相对稳定，但变化具有明显的阶段性特征（图 3-45）。2000 年到 2003 年集中度小幅回升，平均值在 21.7% 左右；2003 年之后，常规水稻 CR5 开始下降，但在 2010 年之后，又呈波动增加的态势，除 2014 年出现下降外，其他年份均不断上升，2017 年达到峰值，为 26.2%。2020 年出现波动，由 25.40% 降至 21.20%，2021 年、2022 年恢复到常年平均水平。

图 3-45　2000—2022 年水稻品种的种植集中度（CR5）

3. 小麦

2022 年，小麦推广面积在 10 万亩以上的品种有 451 个，推广总面积 29 830 万亩。其中，前 10 位品种为济麦 22、郑麦 379、济麦 44、郑麦 1860、西农 511、百农 4199、周麦 36 号、中麦 578、新麦 26、百农 207，推广面积 8 287 万亩，占 10 万亩以上小麦品种推广总面积的 27.78%。单个品种推广面积超过 1 000 万亩的有 2 个，与 2021 年一样。

冬小麦品种 CR5 为 18.15%，比上年下降了 0.75 个百分点。居于前 5 位的品种分别是济麦 22、郑麦 379、济麦 44、郑麦 1860、西农 511；其中推广面积最大的品种是济麦 22，占 10 万亩以上冬小麦品种推广总面积的 5.43%。2001 年到 2017 年冬小麦品种 CR5 均值为 26%，并表现出显著的周期性特征，每 4 至 5 年为 1 个周期，围绕 25% 上下波动（图 3-46）。其中，2022 年为低谷，仅占 18.15%，2011 年达到峰值，为 31.79%。

春小麦品种 CR5 为 43.69%，与近 10 年内平均数相比减少较多。居于前 5 位的品种分别是宁春 4 号、龙麦 35、宁春 16 号、新春 44 号和新春 37 号，其中宁春 4 号的推广面积最多，占 10 万亩以上春小麦品种推广总面积的 12.92%。总的来看，春小麦品种 CR5 在 50% 左右波动（图 3-46），但年际间差异较大。其中，2011 年为低谷，仅为 36.41%，2019 年达到峰值为 57.80%，2022 年降低至 43.69%。

图 3-46　2000—2022 年小麦品种的种植集中度（CR5）

4. 大豆

2022 年，推广面积在 10 万亩以上的品种有 270 个，推广总面积 10 749 万亩。其中，前 10 位品种为黑河 43、齐黄 34、合农 95、黑农 84、蒙豆 1137、黑科 60、合农 85、中黄 13、黑河 45、东生 19，年推广面积 3 045 万亩，占 10 万亩以上大豆品种推广总面积的 28.33%。

5. 棉花

2022 年，推广面积在 10 万亩以上的品种有 73 个，推广总面积 4 068 万亩。其中，前 10 位品种均为常规棉，分别是新陆中 67 号、塔河 2 号、中棉 113、新陆中 78 号、新陆早 84 号、新陆中 87 号、新陆早 80 号、新陆早 78 号、惠远 720、新陆中 40 号，推广面积为 2 030 万亩，占 10 万亩以上棉花品种推广总面积的 49.90%。

（二）登记作物品种推广情况

1. 粮食作物

据不完全统计（表 3-5），2022 年，马铃薯推广面积在 50 万亩以上的品种有 21 个，推广面积 3 269 万亩。其中，前 10 位品种为青薯 9 号、费乌瑞它、冀张薯 12 号、陇薯 7 号、克新 1 号、威芋 5 号、希森 6 号、陇薯 10 号、米拉、晋薯 16 号，推广面积为 2 466 万亩，占 50 万亩以上马铃薯推广面积的 75.4%。超过 200 万亩的品种有青薯 9 号、费乌瑞它、冀张薯 12 号。甘薯推广面积在 50 万亩以上的品种有 7 个，推广面积 738 万亩，占全国甘薯推广总面积 28.3%。其中，推广面积超过 100 万亩的品种有普薯 32 号、烟薯 25 号、商薯 19 号。

谷子推广面积在 50 万亩以上的品种有 5 个，推广面积 539 万亩，占全国谷子推广总面积的 39.9%，其中，推广面积超过 100 万亩的品种有晋谷 21、张杂谷 13 号。高粱推广面积在 50 万亩以上的品种有 1 个，为晋杂 22 号。大麦（青稞）推广面积在 50 万亩以上的品种有 3 个，为喜拉 22 号、藏青 2000 和 V43。蚕豆推广面积在 10 万亩以上的品种有 4 个，推广面积 73 万亩。豌豆推广面积在 10 万亩以上的品种有 3 个，分别是长寿仁、中豌 6 号、中豌 4 号，推广面积 98 万亩。

2. 油料作物

冬油菜推广面积在 50 万亩以上的品种有 25 个，推广面积 2 550 万亩。其中，前 10 位品种为沣油 737、庆油 3 号、大地 199、中油杂 19、邡油 777、丰油 730、华油杂 50、华油杂 62、庆油 8 号、中双 11 号，前 10 位品种推广面积之和占全国冬油菜推广总面积的 19.3%。推广面积大于 100 万亩的品种有沣油 737、庆油 3 号、大地 199、中油杂 19、邡油 777、丰油 730、华油杂 50、华油杂 62。春油菜推广面积在 50 万亩的品种是青杂 5 号、青杂 7 号、青杂 12 号。花生推广面积在 50 万亩以上的品种有 17 个，推广面积 2 318 万亩，占总推广面积的 40.0%，其中，推广面积在 100 万亩以上的品种有 9 个，分别是豫花 37 号、山花 9 号、花育 23 号、开农 1760、开农 71 号、豫花 22 号、豫花 23 号、濮花 28、冀花 19 号。亚麻（胡麻）推广面积在 10 万亩以上的品种有 6 个，分别是晋亚七号、陇亚 10 号、坝选 3 号、宁亚 11 号、宁亚 17 号、定亚 18 号，推广面积共 134 万亩，占总推广面积的 55.4%。向日葵推广面积在 50 万亩以上的品种有 3 个，分别是 SH363、SH361、三瑞 9 号，占总推广面积的 30.2%。

3. 糖料作物

甘蔗推广面积在 50 万亩以上的品种有 5 个，占甘蔗推广总面积的 66.6%，其中，推广面积超过 100 万亩的品种有桂糖 42 号和桂柳 05136。甜菜推广面积在 10 万亩以上的品种有 1003、BETA237、kuHN1277。

4. 蔬菜

大白菜推广面积在 10 万亩以上的品种有 14 个，共 330 万亩，推广面积超过 50 万亩的是北京新 3 号。结球甘蓝推广面积在 10 万亩以上的品种有 5 个，分别是中甘 11 号、京丰 1 号、中甘 21、广良绿贝、寒将军。黄瓜推广面积在 10 万亩以上的品种有 3 个，分别是津研 4 号、津优 1 号、津春 4 号。番茄推广面积在 10 万亩以上的品种是毛粉 802、普罗旺斯、齐达利。辣椒推广面积在 10 万亩的品种有 7 个，为红龙 23 号、红龙 17 号、湘椒 17 号、湘椒 15 号、陇椒 2 号、苏椒 5 号、千金红。茎瘤芥推广面积在 50 万亩以上的品种是永安小叶。西瓜推广面积在 50 万亩以上的品种有 4 个，分别是早佳 8424、美都、金城 5 号、甜王。甜瓜推广面积在 10 万亩以上的品种有 4 个，分别为伽师瓜、金典、西州蜜 25 号、西州蜜 17 号。

5. 果树、茶树、热带作物

苹果推广面积在 10 万亩以上的品种有 2 个，其中富士种植面积超过 200 万亩。柑橘推广面积在 50 万亩以上的品种有 6 个，分别是纽荷尔脐橙、冰糖橙、宫川、沃柑、尾张、椪柑。香蕉推广面积在 50 万亩以上的品种是巴西蕉。梨推广面积在 10 万亩以上的品种有 6 个，分别是翠冠、砀山酥梨、酥梨、云南红、皇冠梨、黄花梨。葡萄推广面积在 10 万亩以上的品种有 4 个，分别是巨峰、阳光玫瑰、夏黑、红提。桃推广面积在10万亩以上的品种有油桃、毛桃、湖景蜜露、水蜜桃、锦绣黄桃等。茶树推广面积在50万亩以上的品种有7个，推广面积较大的品种有勐库大叶群体种、云抗10号、云南大叶群体种、龙井43号、鸠坑种、福鼎大白茶、楮叶齐等。橡胶树种植面积超过50万亩的品种有RRIM600、GT1、云研77-2。

表3-5 2022年登记作物品种推广面积

作物种类	品种总数（个）	总面积（万亩）	面积≥50万亩（个）	合计（万亩）	10万亩≤面积<50万亩（个）	合计（万亩）	面积<10万亩（个）	合计（万亩）
马铃薯	265	5 077	21	3 269	42	810	202	998
甘薯	371	2 609	7	738	39	728	325	1 143
谷子	224	1 352	5	539	19	283	200	530
高粱	177	703	1	79	10	187	166	437
大麦（青稞）	88	631	3	221	8	180	77	230
蚕豆	111	419	/	/	4	73	107	346
豌豆	92	335	/	/	3	98	89	237
春油菜	58	614	3	236	14	264	41	114
冬油菜	807	8 063	25	2 550	175	3 355	607	2 158
花生	499	5 791	17	2 318	96	2 006	386	1 467
亚麻（胡麻）	33	242	1	60	5	74	27	108
向日葵	157	811	3	245	20	289	134	277
甘蔗	84	1 609	5	1 072	14	318	65	219
甜菜	50	168	/	/	3	35	47	133
大白菜	228	1 101	1	70	13	260	214	771
结球甘蓝	120	347	/	/	5	67	115	280
黄瓜	168	456	/	/	3	44	165	412
番茄	211	532	/	/	3	46	208	486
辣椒	366	1 495	/	/	7	110	359	1 385
茎瘤芥	25	184	1	57	3	61	21	66
西瓜	185	1 005	4	339	10	186	171	480
甜瓜	73	283	/	/	4	85	69	198
苹果	27	420	1	232	1	26	25	162
柑橘	133	1 457	6	567	25	478	102	412
香蕉	29	264	1	57	3	41	25	166
梨	46	253	/	/	6	123	40	130
葡萄	33	202	/	/	4	125	29	77
桃	94	284	/	/	5	73	89	211
茶树	164	1 751	7	566	21	518	136	667
橡胶树	28	632	3	227	5	134	20	271

五、农作物种子市场经营备案情况

我国种子生产经营备案分为分支机构备案、受委托生产备案、受委托代销备案和经营不分装备案4类。据不完全统计，2022年全国4类主体完成备案的机构和网点共有141 006个，共完成备案708 300单。本次主要分析受委托代销备案和经营不分装备案的情况。

（一）受委托代销备案

1. 各地受委托代销主体备案分布情况

2022年，全国备案的受委托代销主体共计16 883个，完成备案74 725单，不同省（区、市）受委托代销备案主体分布情况见图3-47。其中，新疆地区备案主体数量最多，有3 661个，其次为河南1 772个、山东1 598个、四川1 150个，上述4个省（区）备案主体数量均超过了1 000家，占比达到48.46%；备案主体数量小于100个的省（区、市）有9个，分别是湖南69个、湖北58个、吉林37个、天津28个、福建14个、北京13个、青海11个、海南7个、上海1个，备案主体总计仅为238个。

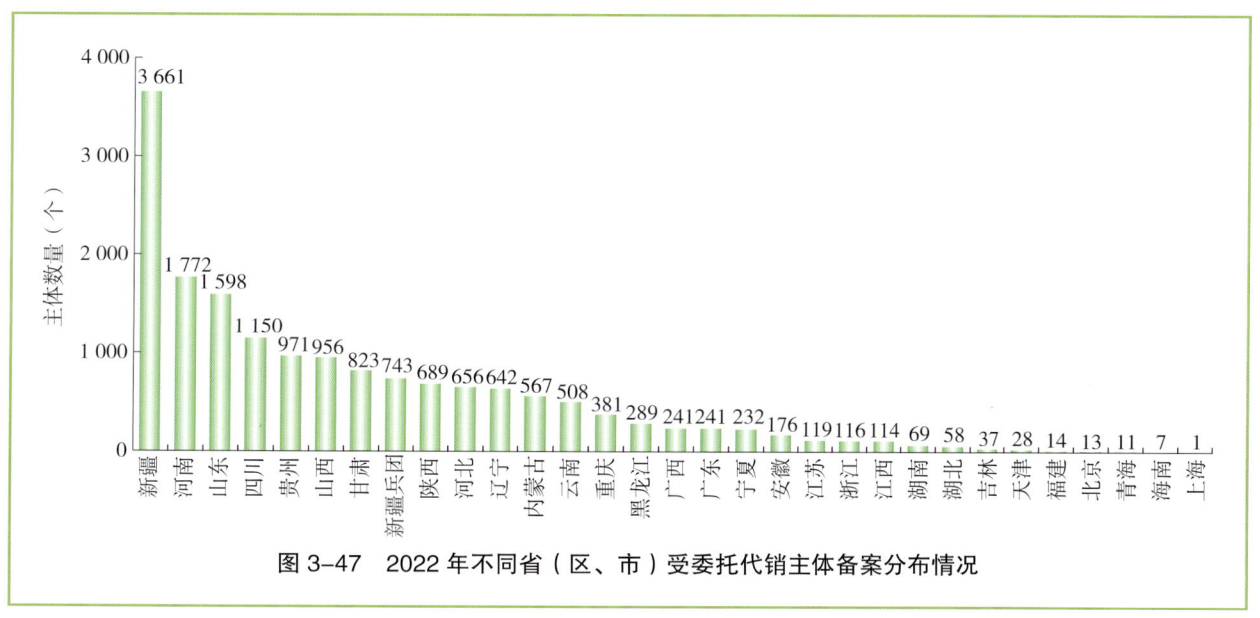

图3-47 2022年不同省（区、市）受委托代销主体备案分布情况

2. 各作物受委托代销主体备案分布情况

2022年不同作物受委托代销主体备案分布情况见图3-48，玉米作为市值占比最大的农作物种子，备案主体数量最多，达到12 147个，占比达71.9%；其次是小麦、水稻和棉花，备案主体数量依次为3 286、3 107、2 866个；油菜、大豆和马铃薯备案主体数量都在1 000以下，分别是862、283和34个。

玉米受委托代销主体备案量前十的品种分别为登海605、郑单958、和育187、先玉335、迪卡

159、良玉99号、新玉42号、先玉1225、鼎玉678和新玉9号，合计占比达总备案量的15.30%；小麦受委托代销主体备案量前十的品种分别为新冬22号、农麦88、新冬20号、新冬59号、淮麦44、新冬55号、皖垦麦22、济麦22、宁麦13和新冬22，合计占比达总备案量的31.41%；杂交水稻受委托代销主体备案量前十的品种分别为荃优丝苗、中浙优8号、宜香优2115、甬优1540、晶两优534、野香优莉丝、泰优808、冠两优华占、泰丰优208和荃优1606，合计占比达总备案量的17.32%；常规水稻受委托代销主体备案量前十的品种分别为南粳9108、松粳22、嘉67、南粳5055、源糯996、秀水14、淮稻5号、南粳5718、南粳3908和秀水121，合计占比达总备案量的53.75%；大豆受委托代销主体备案量前五的品种分别为黑河45、中黄39、郓豆1号、齐黄34和邯豆13，合计占比达总备案量的27.01%；棉花受委托代销主体备案量前五的品种分别为中棉113、新陆中67号、新陆中40号、新陆早82号和新陆中80号，合计占比达总备案量的20.37%；油菜受委托代销主体备案量前五的品种分别为邡油777、H337、天油杂283、华油杂12和川早油1号，合计占比达总备案量的26.63%；马铃薯受委托代销主体备案量前五的品种分别为希森6号、费乌瑞它、希森3号、兴佳二号和早大白，合计占比达总备案量的96.08%。

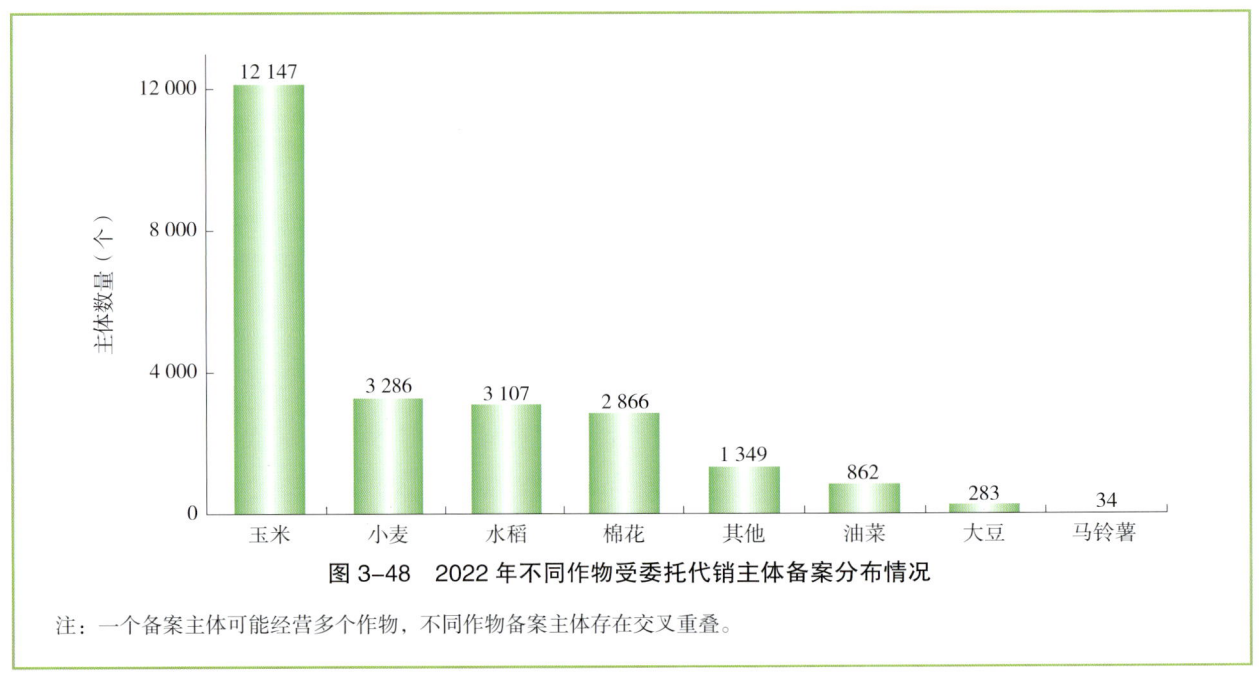

图3-48　2022年不同作物受委托代销主体备案分布情况

注：一个备案主体可能经营多个作物，不同作物备案主体存在交叉重叠。

3. 各地各作物受委托代销主体备案分布情况

2022年不同省（区、市）不同作物代销主体备案分布情况见表3-6。其中，玉米备案主体主要集中在新疆、山东和河南，分别有2 172、1 405和1 288个；杂交水稻备案主体主要集中在四川、贵州和重庆，分别有913、652和302个；常规水稻备案主体主要集中在广东、辽宁和浙江，分别有163、81和74个；大豆备案主体主要集中在河南、山东和黑龙江，分别有86、38和35个；油菜备案主体主要集中在四川和贵州，分别是337和236个；棉花备案主体主要集中在新疆和新疆兵团，分别是 2 197 和 614 个；马铃薯备案主体较少，主要集中在陕西，仅有 14 个。

表 3-6　2022 年不同省（区、市）不同作物代销主体备案数量　　　　　　　　　　（单位：个）

省（区、市）	杂交水稻	常规水稻	玉米	小麦	大豆	油菜	棉花	马铃薯
北京	0	0	12	0	1	0	0	0
天津	0	0	16	17	1	0	0	0
河北	0	2	491	283	13	0	19	0
山西	0	0	933	41	6	0	0	0
内蒙古	0	0	516	0	5	0	0	0
辽宁	4	81	539	2	20	2	0	5
吉林	0	0	36	0	0	0	0	0
黑龙江	1	73	225	1	35	0	0	0
上海	0	0	1	0	0	0	0	0
江苏	12	57	47	65	2	34	0	0
浙江	61	74	0	9	0	36	0	1
安徽	75	26	71	54	7	29	0	0
福建	8	0	4	0	0	0	0	0
江西	104	30	2	0	0	14	0	0
山东	0	2	1 405	669	38	0	32	4
河南	15	2	1 288	1 071	86	2	0	0
湖北	34	11	21	1	0	18	1	0
湖南	41	7	4	0	0	20	0	0
广东	229	163	22	0	0	0	0	0
广西	125	44	130	0	0	0	0	0
海南	5	3	1	0	0	0	0	0
重庆	302	13	340	0	0	11	0	0
四川	913	19	897	29	8	337	0	1
贵州	652	47	853	1	7	236	0	2
云南	138	48	495	2	2	9	0	0
陕西	29	0	576	320	9	47	0	14
甘肃	0	0	743	40	7	44	3	7
青海	0	0	0	0	0	11	0	0
宁夏	0	29	202	32	3	0	0	0
新疆	0	42	2 172	629	29	11	2 197	0
新疆兵团	0	0	105	20	4	1	614	0

（二）经营不分装备案

1. 各地经营不分装主体备案分布情况

2022 年，全国备案的经营不分装主体共计 117 715 个，完成备案 622 096 单，不同省（区、市）

经营不分装备案主体分布情况见图3-49。其中，经营不分装主体备案主体数量超过5 000个的省（区）有9个，分别是四川11 515个、贵州11 093个、云南9 604个、安徽7 143个、山东6 923个、江苏6 412个、内蒙古5 977个、湖南5 013个和吉林5 008个，备案数量占比达到58.4%；上海和青海经营不分装主体备案量最少，仅有51和28个。

图3-49　2022年不同省（区、市）经营不分装主体备案分布情况

2. 各作物经营不分装主体备案分布情况

2022年不同作物经营不分装主体备案分布情况见图3-50。其中，玉米备案不分装种子主体数量最多，有87 520个，占比高达74.3%；其次是杂交水稻、常规水稻、小麦、油菜和大豆，备案主体数量依次为28 348、18 470、14 634、9 920、6 695个；棉花和油菜的不分装种子备案主体数量较少，分别是680和268个。

玉米经营不分装主体备案量前十的品种分别为陵玉13、京科968、德美亚3号、同路928、德美亚1号、豫单186、德美亚2号、垦沃2号、裕丰303和郑单958，合计占比达总备案量的14.38%；小麦经营不分装主体备案量前十的品种分别为淮麦44、济麦22、新春37号、新冬55号、山农116、洛旱17、新冬22号、淮麦33、宁麦13和新冬18号，合计占比达总备案量的20.43%；杂交水稻经营不分装主体备案量前十的品种分别为野香优959、中浙优8号、宜香优2115、盐丰47、中科发5号、冈优881、荃两优2118、C两优华占、泰优808和吉宏6，合计占比达总备案量的26.23%；常规水稻经营不分装主体备案量前十的品种分别为龙粳31、南粳9108、初香粳1号、龙粳57、淮稻5号、绥生9号、龙庆稻31号、华粳5号、普田1498和黄华占，合计占比达总备案量的24.14%；大豆经营不分装主体备案量前五的品种分别为黑河43、垦农34、东生1号、黑科60和蒙豆1137，合计占比达总备案量的12.83%；棉花经营不分装主体备案量前五的品种分别为新陆中67号、新陆中55号、鲁泰700Q、冀968和中棉113，合计占比达总备案量的59.96%；油菜经营不分装主体备案量前五的品种分别为青杂 12 号、青杂 5 号、常杂油 9 号、常香油 2 号和科油 243，合计占比达总备案量的 29.36%；马铃薯经营不分装主体备案量前五的品种分别为费乌瑞它、中薯 5 号、露辛达、冀张薯 8 号和冀张薯 12 号，合计占比达总备案量的 45.16%。

图 3-50　2022 年不同作物经营不分装主体备案分布情况

注：一个备案主体可能经营多个作物，不同作物备案主体存在交叉重叠。

3. 各地各作物经营不分装主体备案分布情况

2022 年不同省（区、市）不同作物经营不分装主体备案分布情况见表 3-7。其中，玉米备案主体最多省份是贵州和四川，分别为 10 444 和 10 207 个，占比为 23.60%；杂交水稻备案主体主要集中在四川和贵州两地，分别为 8 937 和 8 484 个，占比高达 61.45%；常规水稻备案主体主要集中在云南、广东和安徽，分别为 3 778、3 513 和 3 199 个，占比为 56.79%；小麦备案主体主要集中在河南、山东和安徽三地，分别是 3 056、2 436 和 2 428 个，占比为 54.12%；大豆备案主体最多的省份是黑龙江，达到 1 210 个；油菜备案主体最多省份是四川，有 2 635 个；棉花和马铃薯备案主体相对较少，棉花备案主体超过 100 个的只有新疆和山东两地，分别为 183 和 158 个，马铃薯仅陕西备案主体超过了 100 个，为 101 个。

表 3-7　2022 年不同省（区、市）不同作物代销不分装种子主体数量　　（单位：个）

省（区、市）	杂交水稻	常规水稻	玉米	小麦	大豆	油菜	棉花	马铃薯
北京	1	0	244	14	32	18	1	0
天津	1	0	346	172	39	6	0	0
河北	7	0	2 022	1 057	68	9	26	9
山西	1	0	1 996	403	33	3	0	2
内蒙古	17	1	5 581	42	479	65	0	6
辽宁	280	13	4 068	2	379	12	0	72
吉林	793	68	4 370	0	452	11	0	5

(续表)

省（区、市）	杂交水稻	常规水稻	玉米	小麦	大豆	油菜	棉花	马铃薯
黑龙江	27	895	2 821	10	1 210	9	0	0
上海	1	0	22	0	6	2	0	0
江苏	149	1 952	1 592	1 717	518	642	6	7
浙江	111	1	261	7	90	59	0	3
安徽	1 015	3 199	3 404	2 428	659	1 452	92	1
福建	577	0	130	0	65	4	0	2
江西	134	490	29	0	4	92	2	0
山东	46	6	5 321	2 436	496	28	158	20
河南	85	5	3 478	3 056	450	13	1	5
湖北	338	1 735	2 288	255	83	565	98	4
湖南	545	2 269	1 692	4	84	443	68	1
广东	315	3 513	879	2	64	48	0	3
广西	3 583	55	3 333	1	20	4	0	1
海南	88	451	120	1	112	12	0	7
重庆	1 959	1	2 134	1	31	58	0	1
四川	8 937	16	10 207	104	101	2 635	0	2
贵州	8 484	21	10 444	21	113	1 990	0	4
云南	292	3 778	8 985	318	310	464	0	5
陕西	475	0	4 292	1 776	190	547	1	101
甘肃	5	0	3 109	404	255	610	26	7
青海	0	0	1	5	2	26	0	0
宁夏	81	1	1 549	67	40	1	0	0
新疆	1	0	2 642	319	303	85	183	0
新疆兵团	0	0	160	12	7	7	18	0

第四篇　种子企业发展

一、总体情况

（一）种子企业数量与规模

1. 企业数量

2022年，新申领种子生产经营许可证的企业有1 294家，主要为经营瓜菜、小麦、玉米、果树等作物企业，主要分布在河南、山东、河北、安徽、广西、黑龙江、甘肃等省（区）。2022年，实际开展经营活动的企业有8 159家，较2021年增加491家。其中，包装销售本企业种子的企业有7 020家，占比为86.04%；销售其他企业商品种子收入占种子销售总收入比例超过50%的企业926家；有代制（繁）种子销售的企业1 115家，较2021年增加3.91%；代制（繁）种子销售收入占种子销售总收入比例超过50%的企业有575家，较2021年增加3.05%。2013—2022年种子企业数量变化情况见图4-1。

2022年，近500家企业调整了生产经营范围。从各类作物种子销售总量看，2022年经营玉米种子的企业数量为1 988家，比2021年增加68家；经营杂交水稻种子的企业有528家，比2021年增加13家；经营常规水稻种子的企业702家，比2021年增加35家；经营小麦种子的企业有1 474家，比2021年增加118家；经营棉花种子的企业有220家，比2021年增加18家；经营大豆种子的企业有557家，比2021年增加51家；经营油菜种子的企业有510家，比2021年减少9家；经营马铃薯的企业有453家，比2021年增加23家；经营花生种子的企业有342家，比2021年增加30家；经营瓜菜的企业2 764家，比2021年增加126家。

从各企业销售本企业商品种子量看，销售本企业玉米商品种子的企业有1 211家，杂交水稻有

331家，常规水稻596家，小麦1 248家，棉花176家，大豆366家，油菜307家，马铃薯385家，花生244家，分别比2021年增加43、3、21、87、12、30、9、26、29家。

图4-1　2013—2022年全国持有效经营许可证的种子企业数量变化情况

2. 企业资产规模

2022年，全国种子企业资产总额达到3 069.40亿元，比2021年增加428.73亿元。资产总额1亿元以上的企业达到532家，比2021年增加46家，其中，10亿元（含）以上的种子企业35家，增加7家；5亿（含）～10亿元的56家，增加13家；2亿（含）～5亿元的172家，增加4家；1亿（含）～2亿元的270家，增加23家。

2022年种子企业净资产总额1 619.67亿元，比2021年增加120.30亿元。种子企业固定资产总额704.60亿元，比2021年增加109.60亿元。净资产与固定资产数额超过1亿元企业数目变化情况见表4-1。

表4-1　资产超过1亿元以上企业数量　　　　　　　　　　　　　　　　　　　　（单位：家）

金额（亿元）	固定资产							净资产						
	2022年	2021年	2020年	2019年	2018年	2017年	2016年	2022年	2021年	2020年	2019年	2018年	2017年	2016年
≥20	1	1	1	0	0	0	0	11	8	5	5	2	5	4
≥10	6	2	3	3	1	1	0	17	14	12	9	12	9	11
≥5	17	12	7	7	6	6	4	39	34	30	17	26	26	24
≥2	41	29	19	9	17	19	17	130	118	104	63	86	91	92
≥1	82	68	60	39	50	54	50	292	282	251	141	227	215	210

3. 从业人员情况

截至2022年年底，全国种子企业职工146 049人，比2021年增加3 719人（表4-2）。其中本科及以上学历人员 43 110 人，占 29.52%；科研人员 33 248 人，占 22.76%。大型企业聚集种业科研人员数量较多，除组建自有科研团队外，还聘用了科研院所等单位科研人员 6 137 人。

表 4-2 2013—2022 年种子企业人员构成　　　　　　　　　　　　（单位：人）

统计项目	2013 年	2014 年	2015 年	2016 年	2017 年	2018 年	2019 年	2020 年	2021 年	2022 年
职工总人数	114 612	129 978	121 325	120 538	128 055	130 923	133 104	135 324	142 330	146 049
科研人数	16 722	25 177	25 434	24 354	24 094	23 614	24 746	29 608	32 126	33 248

（二）种子企业经营业绩

1. 企业销售情况

（1）种子销售收入

种子销售收入包括种子企业的代制（繁）种子销售收入和商品种子销售收入。2022 年全国种子企业共实现种子销售收入 1 062.25 亿元，比 2021 年增加 182.28 亿元，其中代制（繁）种子销售收入 113.18 亿元，比 2021 年增加 27.95 亿元，商品种子销售收入 949.06 亿元，比 2021 年增加 154.32 亿元。

（2）商品种子销售收入

商品种子销售收入包括销售本企业商品种子和销售其他企业商品种子的收入。2022 年种子企业销售本企业商品种子的销售收入为 854.53 亿元，比 2021 年增加 141.56 亿元，销售其他企业商品种子的销售收入 94.53 亿元，比 2021 年增加 12.76 亿元。

2013—2022 年，全国种子企业种子销售收入变动情况见图 4-2。

图 4-2 2013—2022 年企业种子销售收入变动情况

2021—2022 年企业各项种子销售收入情况见表 4-3。

表 4-3　2021—2022 年全国种子企业各项种子销售收入　　　　　　　　　　（单位：亿元）

	2022 年	2021 年
种子销售收入	1 062.25	879.97
1　代制（繁）种子销售收入	113.18	85.23
2　商品种子销售收入	949.06	794.74
2.1　销售本企业商品种子	854.53	712.97
2.1.1　在国内销售本企业商品种子	839.57	703.01
2.1.2　出口销售本企业商品种子	14.96	9.96
2.2　销售其他企业商品种子	94.53	81.77

（3）种子销售收入前10强企业

2022年，种子销售收入超过1亿元的企业227家，超过2亿元的81家，超过5亿元的18家，超过10亿元的9家，超过20亿元的3家。种子销售收入前5名实现销售收入118.16亿元，比2021年增加21.89亿元；前10名销售收入162.35亿元，比2021年增加28.45亿元；前50名销售收入300.33亿元，比2021年增加48.31亿元。种子销售收入排名前10企业见表4-4。

表 4-4　2022 年种子销售收入前 10 名企业　　　　　　　　　　　　　　　（单位：亿元）

排名	单位名称	销售额	排名	单位名称	销售额
1	中国种子集团有限公司	—	6	中农发种业集团股份有限公司	11.24
2	袁隆平农业高科技股份有限公司	33.47	7	广东鲜美种苗股份有限公司	10.62
3	江苏省大华种业集团有限公司	—	8	辽宁东亚种业有限公司	—
4	北大荒垦丰种业股份有限公司	—	9	齐齐哈尔市富尔农艺有限公司	—
5	山东登海种业股份有限公司	13.11	10	甘肃省敦煌种业集团股份有限公司	7.38

（4）商品种子销售前10强企业

2022年，商品种子销售额超过1亿元的企业200家，超过2亿元的77家，超过5亿元的17家，超过10亿元的8家。商品种子销售额前5名实现销售111.55亿元，比2021年增加21.13亿元；前10名销售额154.40亿元，比2021年增加28.32亿元；前50名销售额287.95亿元，比2021年增加47.09亿元。商品种子销售收入排名前10企业见表4-5。

表 4-5　2022 年商品种子销售额前 10 名企业　　　　　　　　　　　　　　（单位：亿元）

排名	单位名称	销售额	排名	单位名称	销售额
1	中国种子集团有限公司	—	6	广东鲜美种苗股份有限公司	10.62
2	袁隆平农业高科技股份有限公司	33.18	7	中农发种业集团股份有限公司	9.91
3	北大荒垦丰种业股份有限公司	—	8	辽宁东亚种业有限公司	—
4	山东登海种业股份有限公司	13.11	9	齐齐哈尔市富尔农艺有限公司	—
5	江苏省大华种业集团有限公司	—	10	九圣禾种业股份有限公司	—

2. 企业利润情况

（1）全国种子企业利润

2022年全国种子企业实现利润总额111.23亿元，其中种子经营利润73.57亿元，比2021年增加13.03亿元（图4-3）。

图4-3　2013—2022年种子企业种子经营利润变动情况

种子企业实现种子销售保本盈利6 948家，比2021年增加894家，实现利润91.64亿元；亏损企业1 211家，比2021年减少403家，亏损额18.07亿元；保本盈利和亏损企业占比分别为85.16%、14.84%。保本盈利企业占比较2021年增加6.21个百分点。

2022年全国种子企业的行业利润率［种子经营利润率（%）= 种子经营利润 ÷ 种子销售收入 × 100%］为6.93%，比2021年略增。种子企业的净资产收益率（种子企业净利润 ÷ 种子企业净资产 × 100%）为6.59%，较2021年增加0.71个百分点。2013—2022年种子企业销售利润率变化趋势见图4-4。

（2）销售利润前10强企业

2022年种子经营利润超过1 000万元的种子企业189家，超过2 000万元的种子企业100家，超过5 000万元的种子企业40家，超过1亿元的种子企业10家，超过2亿元的种子企业2家。2013—2022年各年度利润超过1 000万元企业数量变化情况见表4-6。2022年种子经营利润前10名企业情况见表4-7。

图 4-4　2013—2022 年种子企业经营利润率和净资产收益率变化情况

表 4-6　2013—2022 年种子经营利润超 1 000 万元企业数量　　　　　　　　　　　　（单位：家）

利润	2022 年	2021 年	2020 年	2019 年	2018 年	2017 年	2016 年	2015 年	2014 年	2013 年
≥3 亿元	0	0	0	0	1	1	3	3	2	3
≥2 亿元	2	2	1	1	1	2	5	5	3	4
≥1 亿元	10	5	4	2	5	6	6	6	6	5
≥5 000 万元	40	31	25	15	18	24	18	20	19	19
≥2 000 万元	100	81	75	61	74	75	72	70	73	77
≥1 000 万元	189	153	151	138	142	164	160	153	160	164

表 4-7　2022 年种子经营利润前 10 名企业　　　　　　　　　　（单位：亿元）

排名	单位名称	利润	排名	单位名称	利润
1	山东登海种业股份有限公司	2.80	6	安徽袁粮水稻产业有限公司	—
2	哈尔滨市益农种业有限公司	—	7	襄阳正大种业股份有限公司	—
3	中国种子集团有限公司	—	8	齐齐哈尔市富尔农艺有限公司	—
4	甘肃省敦煌种业集团股份有限公司	1.15	9	河南省豫玉种业股份有限公司	—
5	河北沃土种业股份有限公司	—	10	吉林省鸿翔农业集团鸿翔种业有限公司	—

2022 年种子经营利润前 5 名企业实现利润 8.90 亿元，较 2021 年增加 0.98 亿元；前 10 名企业实现利润 13.70 亿元，较 2021 年增加 2.01 亿元；前 50 名企业实现利润 35.06 亿元，较 2021 年增加 7.17 亿元。2013—2022 年前 5 名、前 10 名、前 50 名企业利润占比见图 4-5。

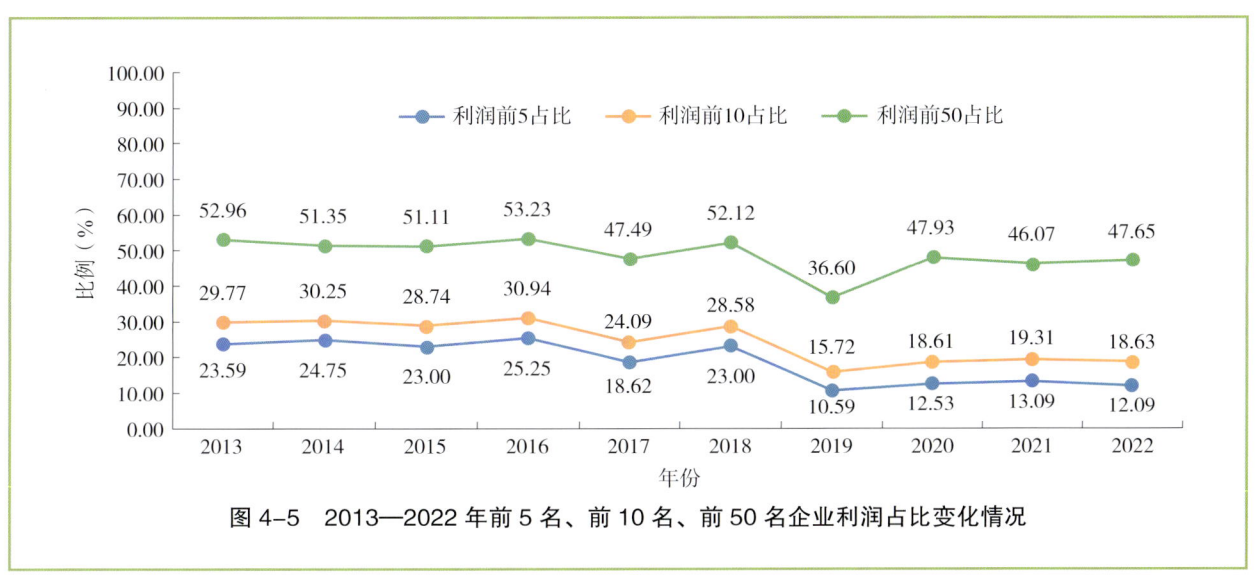

图 4-5　2013—2022 年前 5 名、前 10 名、前 50 名企业利润占比变化情况

3. 各作物种子销售量占比

（1）杂交水稻种子

2022 年国内销售本企业杂交水稻商品种子销售量前 5 名、前 10 名、前 20 名企业销售数量分别为 9 126 万千克、11 297 万千克、14 555 万千克，分别占全国杂交水稻商品种子使用量（25 601 万千克）的 35.65%、44.13%、56.85%，分别比 2021 年增加了 1.44 个、2.02 个、2.40 个百分点。

（2）常规水稻种子

2022 年国内销售本企业常规水稻商品种子销售量前 5 名、前 10 名、前 20 名企业销售数量分别为 20 754 万千克、28 548 万千克、36 058 万千克，分别占全国常规水稻商品种子使用量（70 639 万千克）的 29.38%、40.41%、51.05%，分别比 2021 年减少了 3.86 个、3.55 个、1.61 个百分点。

（3）杂交玉米种子

2022 年国内销售本企业杂交玉米种子销售量前 5 名、前 10 名、前 20 名企业销售数量分别为 24 362 万千克、34 290 万千克、49 458 万千克，分别占全国杂交玉米商品种子使用量（135 546 万千克）的 17.97%、25.30%、36.49%，分别比 2021 年增加了 1.01 个、1.16 个百分点、降低 1.06 个百分点。

（4）小麦种子

2022 年国内销售本企业小麦商品种子销售量前 5 名、前 10 名、前 20 名企业销售数量分别为 64 660 万千克、90 790 万千克、121 705 万千克，分别占全国小麦商品种子使用量（413 409 万千克）的 15.64%、21.96%、29.44%，分别比 2021 年增加了 0.32 个、0.09 个、0.11 个百分点。

（5）大豆种子

2022 年国内销售本企业大豆种子销售量前 5 名、前 10 名企业销售数量分别为 15 422 万千克、22 620 万千克，分别占全国大豆商品种子使用量（55 723 万千克）的 27.68%、40.59%，分别比 2021 年增加了 1.06 个、1.49 个百分点。

（6）油菜种子

2022年国内销售本企业油菜种子销售量前5名、前10名企业销售数量分别为602万千克、957万千克，分别占全国油菜商品种子使用量（2 888万千克）的20.84%、33.13%，分别比2021年增加了0.85个、降低了0.06个百分点。

（三）企业科研投入状况

2022年种子企业科研总投入为65.05亿元，较2021年增长7.35亿元，占本企业商品种子销售额（854.53亿元）的7.61%。其中企业自主投入57.15亿元，比2021年增加5.05亿元；财政项目投入资金7.59亿元，比2021年增加2.57亿元；非财政资金投入0.30亿元，基本与2021年持平。

规模企业（注册资本≥3 000万元）科研投入达48.41亿元，比2021年增加6.70亿元，科研投入占本企业商品种子销售额（623.15亿元）的7.77%，比2021年降低0.03个百分点。

本企业商品种子销售额前5名企业科研投入9.20亿元，占本企业商品种子销售额（103.04亿元）的8.93%，比2021年增加1.55个百分点；前10名企业科研投入11.10亿元，占本企业商品种子销售额（142.11亿元）的7.81%，比2021年增加0.63个百分点；前50名企业科研投入19.25亿元，占本企业商品种子销售额（268.82亿元）的7.16%，比2021年增加0.56个百分点。

（四）企业品种研发状况

1. 企业通过审定品种

2022年企业选育国审5种作物（水稻、玉米、小麦、棉花、大豆）品种数为1 144个（次），通过省审的5种主要农作物品种2 826个（图4-6，图4-7）。

其中，企业选育国审杂交水稻品种301个（次），占比达77.78%，比2021年增加1个百分点；企业选育国审玉米品种702个（次），占比达84.89%，比2021年增加1.43个百分点（图4-6）。

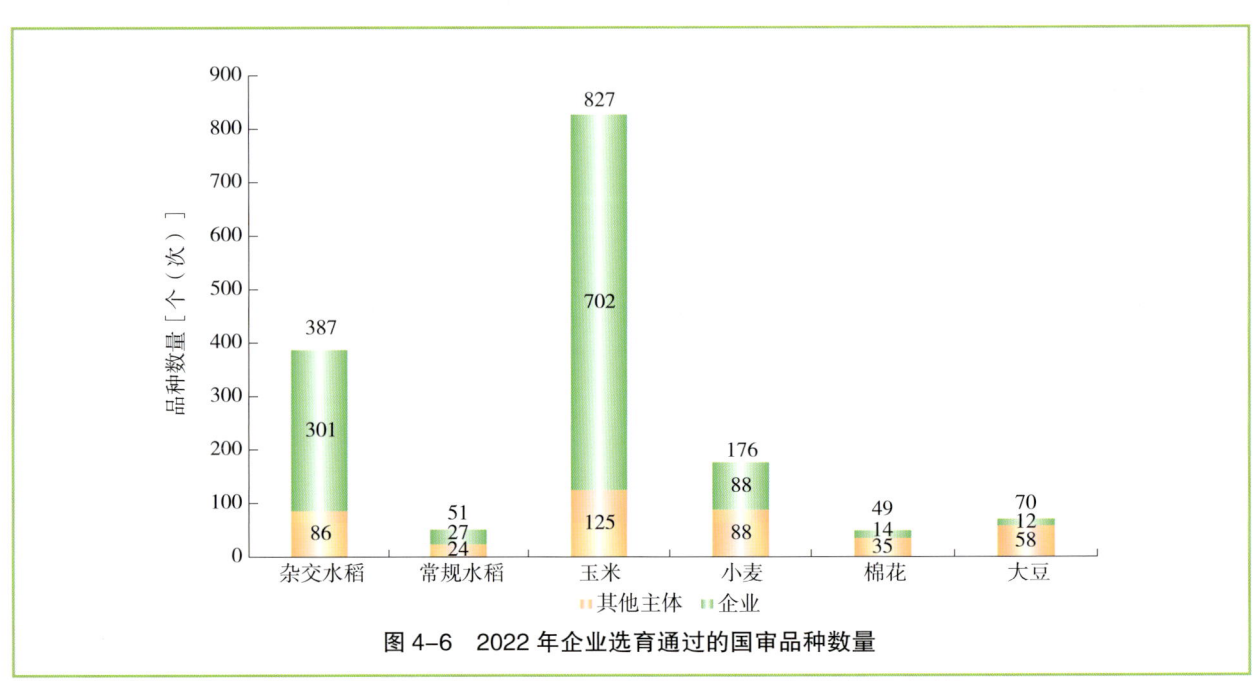

图4-6　2022年企业选育通过的国审品种数量

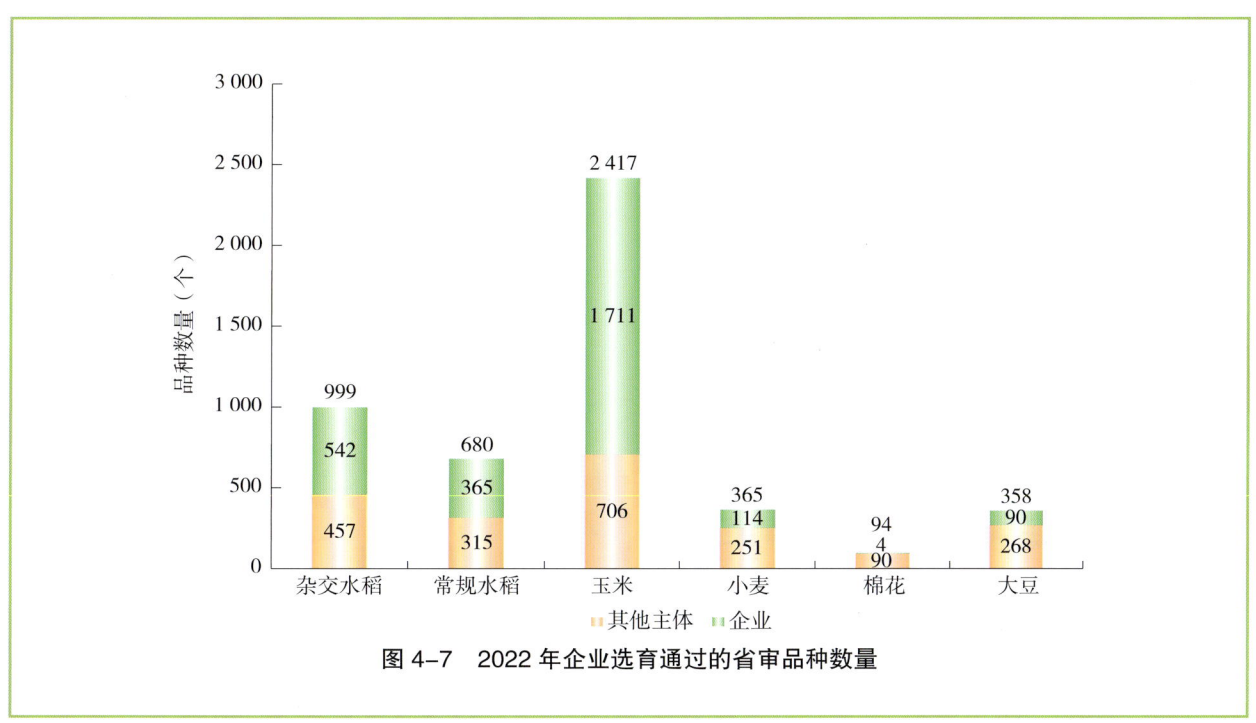

图4-7　2022年企业选育通过的省审品种数量

2. 企业植物新品种权保护

2022年，种子企业申请植物品种权6 308件，与2021年相比增加了554件，种子企业申请数量占全年申请量的56.33%。其中，境内种子企业申请5 822件，占全年申请量的51.99%，是申请植物新品种权最多的主体。

2022年，种子企业获得授权保护品种1 821件，种业企业获得授权量占全年授权量的53.96%。其中，境内种子企业获得授权1 606件，占全年授权量的47.59%（图4-8）。

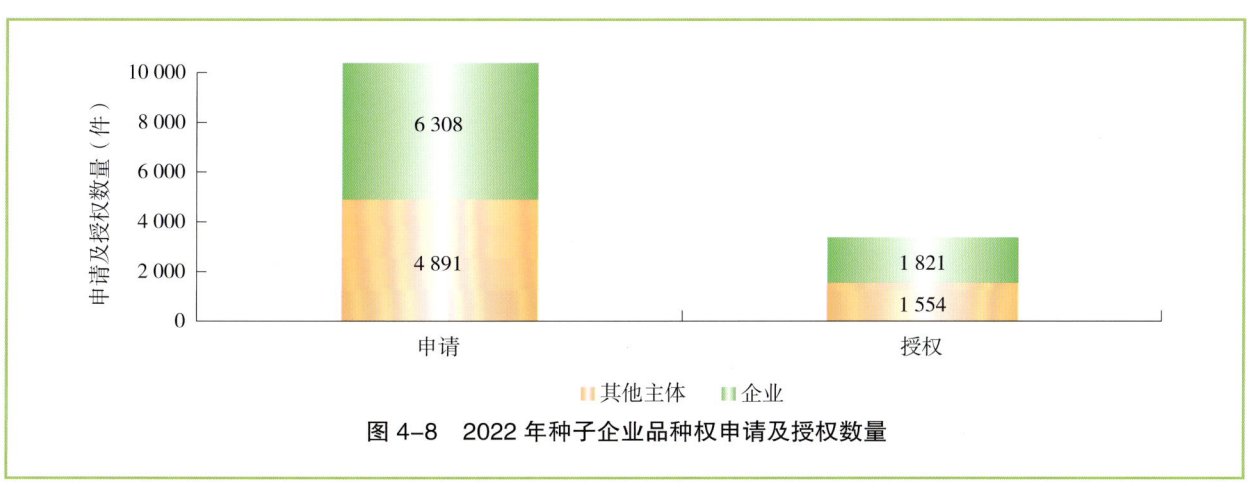

图4-8　2022年种子企业品种权申请及授权数量

从种子企业申请、授权的作物种类看，玉米品种权申请量、授权量均居各作物之首，申请3 859件，企业申请占比74.68%；授权1 064件，企业授权占比77.44%（表4-8）。

表 4-8 不同作物品种权申请授权分布情况

	水稻	玉米	小麦	棉花	大豆	油菜	马铃薯	蔬菜	其他作物
申请量（件）	2 232	3 859	550	137	368	86	62	1 748	2 157
企业申请量（件）	1 092	2 882	215	43	78	26	24	1 277	671
企业占比（%）	48.92	74.68	39.09	31.39	21.20	30.23	38.71	73.05	31.11
授权量（件）	787	1 064	219	59	239	24	15	360	608
企业授权量（件）	352	824	111	11	56	8	5	237	217
企业占比（%）	44.73	77.44	50.68	18.64	23.43	33.33	33.33	65.83	35.69

（五）企业利用资本市场状况

1. 上市公司情况

2022年度，我国有2家农作物种业类公司IPO上市，分别为秋乐种业、绿亨科技。从行业分类来看，2022年A股农林牧渔业公司仅有秋乐种业1家实现IPO上市，而绿亨科技所属证监会行业分类为制造业-化学原料和化学制品制造业-农药制造-化学农药制造。

IPO申报审核方面：2022年有2家新三板创新层种业公司冲击北交所。河南金博士提交的向不特定合格投资者公开发行股票并在北京证券交易所上市的辅导备案申请于2022年12月15日受理备案，公司正在接受中泰证券的辅导。虹越花卉于2022年12月29日向北京证券交易所提交的向不特定合格投资者公开发行股票并在北京证券交易所上市的申报材料，2023年3月29日向北京证券交易所提出中止审核申请，待相关工作完成后，公司将尽快向北京证券交易所申请恢复审查。

截至2022年12月31日，我国境内上市的种业公司共有12家（表4-9），种业上市公司总市值1 337.73亿元，同比下跌171.93亿元，跌幅11.39%；总资产合计824.17亿元，总负债合计430.73亿元；总体资产负债率52.26%，同比增长约3个百分点；所有者权益合计393.44亿元，同比增加27.74亿元；员工总数38 949人，同比增加1 227人。2022年，上市种企总营收641.38亿元，同比增加73.72亿元；净利润15.56亿元，同比增加7.98亿元。

表 4-9 2022年种业上市公司概况

证券代码	证券简称	员工总数（人）	总股本（亿股）	总市值（亿元）	质押比例（%）	市盈率PE（LYR）（倍）	营业总收入（亿元）	净利润（亿元）	净资产收益率ROE（平均，%）	净资产负债率（%）
300087.SZ	荃银高科	1 427	6.766 7	108.943 2	1.79	64.446 1	34.905 4	3.073 7	15.11	1.68
300189.SZ	神农科技	169	10.240 0	41.574 4	3.73	-73.160 0	1.905 6	-0.630 1	-7.70	0.18
600313.SH	农发种业	1 104	10.822 0	110.817 1	4.18	305.188 5	52.482 6	3.069 1	14.20	0.82

（续表）

证券代码	证券简称	员工总数（人）	总股本（亿股）	总市值（亿元）	质押比例（%）	市盈率PE（LYR）（倍）	营业总收入（亿元）	净利润（亿元）	净资产收益率ROE（平均，%）	净资产负债率（%）
600354.SH	敦煌种业	611	5.278 0	41.432 5	10.20	457.759 6	10.046 8	0.636 0	3.19	1.90
600371.SH	万向德农	186	2.925 8	41.429 0	0.00	109.174 2	2.349 7	0.796 8	13.04	0.47
000713.SZ	丰乐种业	1 285	6.140 1	55.322 7	0.00	30.232 2	30.052 6	0.548 8	3.09	0.47
000998.SZ	隆平高科	2 612	13.169 7	211.637 1	0.27	338.904 8	36.888 1	−7.722 0	−16.63	1.76
002041.SZ	登海种业	753	8.800 0	174.416 0	0.00	74.921 4	13.257 9	2.889 5	7.91	0.31
002385.SZ	大北农	20 472	41.407 4	368.526 0	9.87	−83.691 1	323.967 5	3.142 7	0.52	1.69
601952.SH	苏垦农发	9 531	13.780 0	163.155 2	0.00	22.136 3	127.272 9	8.681 1	13.76	1.27
831087.BJ	秋乐种业	225	1.652 0	9.267 7	—	23.126 5	4.375 4	0.617 2	16.45	0.46
870866.BJ	绿亨科技	574	1.802 1	11.208 8	—	17.960 4	3.875 3	0.460 6	8.55	0.10

鉴于大北农、苏垦农发、丰乐种业、农发种业、绿亨科技的主营构成中种业占比较低，在此仅对其余7家种业上市公司做单独统计分析。2022年末，7家种业上市公司总资产合计289.05亿元，总负债合计146.35亿元；总体资产负债率50.63%，同比上升4个百分点；所有者权益合计142.71亿元，同比增加5.45亿元，增幅3.97%；员工总数5 983人，同比增加314人，增幅5.54%。2022年，7家上市种企总营收103.73亿元，同比增加16.18亿元，增幅18.48%；总体净利润-0.34亿元，同比降低7.27亿元，降幅104.89%，主要是由隆平高科净利润由2021年盈利1.73亿元转为2022年亏损7.72亿元所致。

2. 新三板挂牌情况

2022年，新三板新增挂牌种业企业1家，为金苑种业；摘牌（退市）种业企业10家，与2021年持平，新三板种企仍处于摘牌（退市）高峰期，其中，8家为被动摘牌（退市），仅秋乐种业、绿亨科技2家为主动摘牌（退市）；被ST警示企业0家，去ST企业1家。同期，新增农业挂牌企业共2家。

截至2022年12月31日，我国新三板挂牌种业企业40家（表4-10）。其中，创新层12家，同比增加2家；基础层28家。

表 4-10 新三板种业挂牌企业 2022 年概况

证券代码	证券简称	所属分层	挂牌日	员工总数（人）	总股本（万股）	总市值（万元）	资产总计合并报表（万元）	营业总收入合并报表（万元）	净利润合并报表（万元）	净资产收益率ROE（%）	净资产负债率（%）
430566.NQ	虹越花卉	创新层（NEEQ）	2014-01-24	316	5 800.00	63 800.00	51 379.78	62 568.18	5 386.18	12.62	0.50
430468.NQ	锦棉种业	基础层（NEEQ）	2014-01-24	50	6 900.00	9 729.00	33 621.16	54 546.28	-1 638.14	-17.74	3.02
430736.NQ	中江种业	基础层（NEEQ）	2014-05-05	207	17 765.80	33 755.02	71 264.03	48 482.76	662.11	2.25	1.41
831232.NQ	红旗种业	基础层（NEEQ）	2014-10-30	85	10 581.00	—	29 400.12	21 909.75	236.00	1.46	0.59
831439.NQ	中蕾股份	基础层（NEEQ）	2014-12-08	19	36 000.00	6 120.00	117 102.70	159.81	-5 226.75	-15.89	2.87
831492.NQ	安信种苗	创新层（NEEQ）	2014-12-09	154	5 628.00	17 165.40	26 005.98	12 615.46	2 725.09	14.24	0.45
831725.NQ	凌志股份	基础层（NEEQ）	2015-01-27	97	9 880.00	4 742.40	—	—	—	—	—
831888.NQ	垦丰种业	创新层（NEEQ）	2015-01-27	1374	47 320.70	244 648.02	320 372.42	188 804.07	1 308.36	1.41	2.06
832019.NQ	中棉种业	基础层（NEEQ）	2015-02-16	36	7 000.00	10 500.00	10 965.00	7 167.31	102.95	3.18	2.32
832139.NQ	沃田集团	创新层（NEEQ）	2015-03-16	90	9 300.00	46 779.00	57 762.25	22 826.61	-4 458.49	-11.76	0.62
832673.NQ	中香农科	基础层（NEEQ）	2015-07-08	44	3 974.00	6 755.80	10 778.18	5 406.98	1 221.38	15.93	0.35
832974.NQ	鲜美种苗	创新层（NEEQ）	2015-07-24	135	4 795.00	14 672.70	77 563.09	104 888.94	1 956.69	9.74	4.16
832751.NQ	金秋科技	基础层（NEEQ）	2015-07-24	22	3 000.00	1 380.00	7 781.06	2 172.74	289.27	6.68	0.77
832912.NQ	西科集团	创新层（NEEQ）	2015-08-06	131	21 918.00	182 357.76	62 263.84	30 220.82	2 868.07	8.97	0.86
832942.NQ	名品彩叶	基础层（NEEQ）	2015-07-30	72	15 909.95	8 432.28	—	—	—	—	—
833462.NQ	华瑞农业	创新层（NEEQ）	2015-09-01	242	8 325.30	20 813.25	42 805.61	17 611.00	549.14	2.55	0.96
833443.NQ	皇达科技	基础层（NEEQ）	2015-09-16	14	2 000.00	27 000.00	1 323.58	353.03	21.59	1.90	0.15
834751.NQ	曲辰种业	基础层（NEEQ）	2015-12-15	22	2 694.01	6 438.68	3 951.80	1 840.62	276.84	9.37	0.28
834982.NQ	远东国兰	创新层（NEEQ）	2015-12-17	95	11 945.70	15 290.50	—	—	—	—	—
836624.NQ	新圆沉香	基础层（NEEQ）	2016-04-06	24	8 700.00	20 010.00	—	—	—	—	—

(续表)

证券代码	证券简称	所属分层	挂牌日	员工总数（人）	总股本（万股）	总市值（万元）	资产总计合并报表（万元）	营业总收入合并报表（万元）	净利润合并报表（万元）	净资产收益率ROE（%）	净资产负债率（%）
836645.NQ	三瑞农科	创新层（NEEQ）	2016-04-15	108	10 557.00	71 787.60	46 995.64	9 140.99	5 303.15	12.67	0.09
837058.NQ	金安特	基础层（NEEQ）	2016-04-26	19	3 830.65	4 443.56	5 645.48	2 716.08	-540.16	-13.00	0.52
837403.NQ	康农种业	创新层（NEEQ）	2016-05-23	90	3 946.00	83 457.90	39 443.63	19 762.42	4 124.03	18.66	0.74
837485.NQ	天合生物	创新层（NEEQ）	2016-07-22	44	4 150.00	17 222.50	17 547.39	6 002.25	1 071.12	10.37	0.61
838103.NQ	红一种业	基础层（NEEQ）	2016-08-01	48	5 642.00	7 955.22	20 721.90	8 956.92	1 978.51	16.90	0.61
838036.NQ	美奥种业	基础层（NEEQ）	2016-08-04	54	3 530.00	6 989.40	7 865.73	4 544.44	1 086.48	23.32	0.42
838549.NQ	金博士	基础层（NEEQ）	2016-08-09	182	10 020.00	57 915.60	43 147.51	34 474.30	4 410.81	15.89	0.44
838998.NQ	双星种业	基础层（NEEQ）	2016-08-11	46	2 125.20	16 789.08	6 703.96	5 295.57	1 643.59	34.77	0.23
839045.NQ	大唐种业	基础层（NEEQ）	2016-08-15	31	3 000.00	—	7 637.39	3 745.80	-428.65	-15.38	1.97
839720.NQ	熊猫雷笋	基础层（NEEQ）	2016-11-17	63	4 311.15	13 968.13	19 243.55	1 223.95	-1 511.80	-8.61	0.15
870697.NQ	银丰园林	基础层（NEEQ）	2017-02-20	10	500.00	1 650.00	10 910.61	10 098.50	837.07	19.44	1.31
870991.NQ	鑫丰种业	基础层（NEEQ）	2017-02-28	58	10 018.00	10 018.00	14 106.35	9 854.45	459.17	4.66	0.40
871934.NQ	绿湖股份	基础层（NEEQ）	2017-08-17	74	6 318.00	44 226.00	—	—	—	—	—
872212.NQ	利农生物	基础层（NEEQ）	2017-09-29	79	5 529.00	18 853.89	13 389.76	7 521.30	237.37	3.31	0.91
872377.NQ	徽生源	基础层（NEEQ）	2017-11-17	30	2 667.60	15 098.62	9 120.66	3 161.25	212.88	3.52	0.27
872492.NQ	润生堂	基础层（NEEQ）	2017-12-19	37	3 600.00	6 012.00	—	—	—	—	—
872748.NQ	凯凯科技	创新层（NEEQ）	2018-05-04	64	14 541.12	45 222.88	—	—	—	—	—
872802.NQ	金色农业	基础层（NEEQ）	2018-06-04	100	10 000.00	—	40 223.99	13 070.08	515.26	4.33	2.31
873129.NQ	华丰种业	基础层（NEEQ）	2019-01-14	25	3 600.00	—	8 884.72	2 212.34	51.42	1.35	1.32
873749.NQ	金苑种业	基础层（NEEQ）	2022-07-18	178	10 212.00	—	51 914.66	30 009.22	6 581.90	17.21	0.27

3. 投资并购情况

2022年我国种业资本市场的股权融资规模继续扩大，行业兼并重组非常活跃。2022年种业公众公司（A股和新三板）和PE/VC披露的股权融资事件5起，涉及金额12.72亿元，金额同比大幅提升34.19%，再创2018年以来新高。2022年公开披露的种业并购事件19起，其中已完成交易17起，涉及交易总金额17.26亿元，并购交易资金规模快速扩大，同比增长57.13%（表4-11）。

表4-11　2010—2022年投资并购事件统计表

年份	投资事件		并购事件	
	数量（件）	金额（万元）	数量（件）	金额（万元）
2010年	8	54 024.50	6	18 832.10
2011年	9	98 852.60	9	42 361.90
2012年	14	103 061.90	5	49 004.50
2013年	10	21 729.40	17	206 915.70
2014年	14	38 359.00	14	142 477.60
2015年	23	278 212.00	22	190 679.40
2016年	21	397 700.40	26	98 699.50
2017年	22	296 566.50	15	164 926.90
2018年	3	7 695.00	11	697 885.86
2019年	5	24 300.00	17	123 532.89
2020年	6	7 997.03	39	110 082.03
2021年	4	94 804.62	23	109 846.19
2022年	5	127 215.59	17	172 598.756

2022年，种业资本市场中表现最为活跃的是大北农旗下的北京创种科技有限公司。创种科技为推进关于玉米种业战略并购和资源占储的策略，以6.885亿元的目标价收购云南大天，成为2022年度规模最大的种业并购事件；董事会预案拟1.52亿元收购鲜美种苗50.99%的股权，以推进种业融合发展，强化种业核心竞争力（表4-12，表4-13）。

2022年，种业生物技术公司仍是资本市场的焦点。杭州瑞丰在完成涉及2.55亿元股转交易的同时，按照投前估值20.35亿元进行增资，并由央企基金、悟新隆丰（嘉兴）股权投资合伙企业（有限合伙）及万物一期（厦门）创业投资合伙企业（有限合伙）共同认购全部新增注册资本，涉及资金规模近3.4亿元，成为2022年度金额最大的种业股权融资事件。丰乐种业通过现金增资和并购其他股东股份，共计持有四川天豫兴禾生物科技有限公司35.58%股权，实现对生物技术公司天豫兴禾的控股（表4-12，表4-13）。

表 4-12　2022 年种业投资事件

披露/公告日期	融资企业	投资方	融资金额（万元）
2022-1-25	杭州瑞丰生物科技有限公司	央企贫困地区基金、悟新隆丰投资基金、万物一期（厦门）创投	33 993.03
2022-4-26	天津德瑞特种业有限公司（天津德瑞）	隆平高科	26 002.00
2022-6-24	中林集团张掖金象种业有限公司	现代种业发展基金、海南穗达股权投资基金	15 000.00
2022-11-23	秋乐种业	北京大北农科创股权投资合伙企业、郑州高新产业知识产权运营基金（有限合伙）等	19 824.00
2022-11-25	绿亨科技	现代种业发展基金有限公司、国泰君安君享北交所绿亨科技1号战略配售集合资产管理计划等	32 396.56

表 4-13　2022 年种业并购事件

首次披露日	交易标的	交易买方	交易总价值（万元）	最新进度
2021-1-4	南繁种业 100% 股权	海南海尔思医疗器械有限公司	18 300.00	完成
2021-12-22	兴蔬种业 60% 股权	湖南海利（600731.SH）	835.44	完成
2022-1-25	杭州瑞丰 16.602 3% 股权	隆平高科（000998.SZ）、熊嫣、央企贫困地区基金	25 501.06	完成
2022-1-28	金岭种业 100% 股权	张掖市丰乐种业（000713.SZ）	14 850.00	完成
2022-1-28	金岭种业 100% 股权	张掖市丰乐种业（000713.SZ）	14 850.00	完成
2022-3-15	天豫兴禾 35.58% 股权	丰乐种业（000713.SZ）	3 600.00	完成
2022-4-7	张农种业 65% 股权	ST 亚雄	70.00	完成
2022-4-23	云南大天 51% 股权	北京创种科技有限公司（002385.SZ）	68 850.00	完成
2022-5-31	北京三瑞 100% 股权	北京建言运营管理有限责任公司	2 176.00	完成
2022-6-2	新疆天椒 21.68% 股权	刘英山	8 832.00	完成
2022-11-17	四川隆平玉米种子有限公司 80% 股权	四川聚隆汇智农业有限公司	507.2	签署转让协议
2022-6-14	垦丰种业 0.03% 股权	黑龙江北大荒现代农业服务集团有限公司	—	完成
2022-6-29	广西恒茂 20% 股权	隆平高科（000998.SZ）	11 639.60	完成
2022-7-19	鲜美种苗 50.99% 股权	北京创种科技有限公司	15 184.89	董事会预案
2022-7-29	双星种业 9.995 3% 股权	党继革	—	完成
2022-8-2	金安特 0.88% 股权	查勇	—	完成
2022-9-6	田园振兴 33.34% 股权	西科集团（832912.NQ）	3 030.67	完成
2022-12-31	韶关三雄 70% 股权	杭州三雄种苗有限公司	63.99	完成

数据来源：Wind。

二、骨干种子企业发展情况

2022 年中国种子协会认定信用骨干企业 60 家（表 4-14）。考虑兼并重组后母公司报表包含子公司的情况，重庆中一种业有限公司报表并入海南神农科技股份有限公司，江西科源种业有限公司报表并入袁隆平农业高科技股份有限公司，纳入计算数据的企业有 58 家。

表 4-14　2022 年中国种业信用骨干企业名单

序号	企业名称	序号	企业名称
1	袁隆平农业高科技股份有限公司	31	浙江勿忘农种业股份有限公司
2	安徽荃银高科种业股份有限公司	32	江西兴安种业有限公司
3	江苏省大华种业集团有限公司	33	江苏神农大丰种业科技有限公司
4	北大荒垦丰种业股份有限公司	34	湖南袁创超级稻技术有限公司
5	山东登海种业股份有限公司	35	湖南桃花源农业科技股份有限公司
6	辽宁东亚种业有限公司	36	西科农业集团股份有限公司
7	中国种子集团有限公司	37	江西天涯种业有限公司
8	九圣禾种业股份有限公司	38	重庆中一种业有限公司
9	合肥丰乐种业股份有限公司	39	莱州市金海种业有限公司
10	北京金色农华种业科技股份有限公司	40	湖北省种子集团有限公司
11	江苏明天种业科技股份有限公司	41	四川国豪种业股份有限公司
12	齐齐哈尔市富尔农艺有限公司	42	江苏金土地种业有限公司
13	广西兆和种业有限公司	43	湖南金健种业科技有限公司
14	山东圣丰种业科技有限公司	44	河南黄泛区地神种业有限公司
15	德农种业股份公司	45	海南神农科技股份有限公司
16	河南金苑种业股份有限公司	46	仲衍种业股份有限公司
17	襄阳正大种业有限公司	47	山西中农赛博种业股份有限公司
18	甘肃省敦煌种业集团股份有限公司	48	山西潞玉种业股份有限公司
19	三北种业有限公司	49	吉林省宏泽现代农业有限公司
20	雪川农业集团股份有限公司	50	江苏红旗种业股份有限公司
21	河间市国欣农村技术服务总会	51	武汉楚为生物科技有限公司
22	河南省豫玉种业股份有限公司	52	河南丰德康种业有限公司
23	山西强盛种业有限公司	53	深圳市兆农农业科技有限公司
24	江苏中江种业股份有限公司	54	甘肃金源种业有限公司
25	河南秋乐种业科技股份有限公司	55	新疆塔里木河种业股份有限公司
26	河北沃土种业股份有限公司	56	江苏瑞华农业科技有限公司

(续表)

序号	企业名称	序号	企业名称
27	湖北康农种业股份有限公司	57	江西科源种业有限公司
28	河南金博士种业股份有限公司	58	河南平安种业有限公司
29	安徽袁粮水稻产业有限公司	59	河南滑丰种业科技有限公司
30	湖南奥谱隆科技股份有限公司	60	广西万川种业有限公司

注：序号1～10企业为中国种业信用明星企业；序号38、57的数据不单独纳入计算。

（一）骨干企业规模情况

1. 骨干企业资产

2022年种业骨干企业的总资产总额达703.23亿元，比2021年增加171.75亿元，占全部种子企业总资产的22.91%。净资产总额达362.86亿元，比2021年增加72.56亿元，占全部种子企业净资产的22.40%。固定资产总额为97.46亿元，比2021年增加12.72亿元，占全部种子企业固定资产的13.83%（表4-15）。

表4-15　2018—2022年种业骨干企业资产水平

年份	企业总资产					企业固定资产					企业净资产				
	2022	2021	2020	2019	2018	2022	2021	2020	2019	2018	2022	2021	2020	2019	2018
骨干企业（亿元）	703.23	531.48	478.32	470.77	506.63	97.46	84.74	63.70	69.16	74.87	362.86	290.30	267.21	271.18	306.00
全部企业（亿元）	3 069.40	2 640.67	2 425.21	2 479.47	2 072.72	704.60	595.00	515.77	546.11	460.19	1 619.67	1 499.37	1 429.32	1 478.72	1 225.52
占比（%）	22.91	20.13	19.72	18.99	24.44	13.83	14.24	12.35	12.66	16.27	22.40	19.36	18.69	18.34	24.97

2. 骨干企业人员

种业骨干企业的职工总人数16 413人，比2021年增加2 740人，其中，本科及以上学历7 629人（表4-16）。

表4-16　2018—2022年种业骨干企业人员情况　　　　（单位：人）

年份	职工人数					职工平均人数				
	2022	2021	2020	2019	2018	2022	2021	2020	2019	2018
骨干企业	16 413	13 673	14 196	13 876	15 779	274	297	296	243	282
全部企业	146 049	142 330	135 324	133 104	130 923	18	19	19	21	23

（二）骨干企业经营情况

1. 企业销售收入

2022年骨干企业实现种子销售收入278.73亿元，较2021年增加87.75亿元，占全部企业种子销售收入的26.24%，其中代制（繁）种子销售收入11.22亿元，商品种子销售收入267.51亿元，商品种子销售中本企业商品种子销售收入256.46亿元（含本企业商品种子出口7.59亿元），销售其他企业商品种子销售收入11.05亿元（表4-17）。

表4-17　2018—2022年种业骨干企业种子销售情况　　　　　　　　　　　　　　（单位：亿元）

年份	骨干企业					全部企业				
	2022	2021	2020	2019	2018	2022	2021	2020	2019	2018
种子销售收入	278.73	190.98	166.49	157.86	174.48	1 062.25	879.97	777.10	742.91	691.98
1 代制（繁）种子销售收入	11.22	10.38	10.82	11.57	8.13	113.18	85.23	77.47	97.33	73.43
2 商品种子销售收入	267.51	180.61	155.67	146.29	166.35	949.06	794.74	699.62	645.58	618.55
2.1 销售本企业商品种子	256.46	174.93	150.41	139.79	162.36	854.53	712.97	621.44	580.78	556.80
2.1.1 在国内销售本企业商品种子	248.87	171.03	145.92	136.59	159.90	839.57	703.01	607.17	562.86	548.27
2.1.2 出口销售本企业商品种子	7.59	3.90	4.49	3.20	2.46	14.96	9.96	14.27	17.92	8.52
2.2 销售其他企业商品种子	11.05	5.68	5.26	6.50	3.99	94.53	81.77	78.18	64.80	61.75

2. 企业销售利润

2022年骨干企业实现利润总额19.69亿元，种子经营利润17.71亿元，占全部企业种子经营利润的24.08%。骨干企业的行业利润率（即种子经营利润率）6.36%，种子企业的净资产收益率5.20%（表4-18，表4-19）。

表4-18　2018—2022年种业骨干企业销售利润情况

年份	利润总额					种子经营利润					净利润总额				
	2022	2021	2020	2019	2018	2022	2021	2020	2019	2018	2022	2021	2020	2019	2018
骨干企业（亿元）	19.69	17.93	12.78	7.77	19.82	17.71	13.90	10.39	7.27	13.36	18.88	17.32	12.06	7.28	18.99
全部企业（亿元）	111.23	91.94	69.57	63.39	69.08	73.57	60.54	49.34	58.33	53.40	106.71	88.13	66.98	47.09	53.36
占比（%）	17.70	19.50	18.37	12.26	28.69	24.07	22.96	21.06	12.46	25.02	17.70	19.65	18.01	15.46	35.59

表 4-19　2018—2022 年种业骨干企业经营利润率与资产收益率情况　　　　　　　　　（单位：%）

年份	种子经营利润率					净资产收益率				
	2022	2021	2020	2019	2018	2022	2021	2020	2019	2018
骨干企业	6.36	7.28	6.24	4.95	7.66	5.20	5.97	4.51	2.68	6.21
全部企业	6.93	6.88	6.35	7.85	7.72	6.59	5.88	4.69	3.18	4.35

（三）骨干企业科研投入情况

2022 年骨干种子企业科研总投入为 19.11 亿元，占本企业商品种子销售收入的 7.45%。其中，企业自主科研投入 16.24 亿元，财政项目投入资金 2.83 亿元，非财政资金投入企业科研 0.04 亿元（表 4-20 和表 4-21）。

表 4-20　2019—2022 年种业骨干企业科研投入情况　　　　　　　　　（单位：亿元）

年份	科研总投入				企业自主科研投入				财政项目投入资金				非财政资金投入			
	2022	2021	2020	2019	2022	2021	2020	2019	2022	2021	2020	2019	2022	2021	2020	2019
骨干企业	19.11	13.48	14.76	11.04	16.24	12.52	14.09	10.22	2.83	0.84	0.66	0.78	0.04	0.12	0.01	0.05
全部企业	65.05	57.50	55.78	45.68	57.15	52.10	51.18	42.35	7.59	5.02	4.22	3.03	0.30	0.38	0.38	0.29

表 4-21　2018—2022 年种业骨干企业科研投入与销售收入比值情况　　　　　　　　　（单位：%）

年份	科研投入与种子销售收入的比值					科研投入与本企业商品种子销售收入的比值				
	2022	2021	2020	2019	2018	2022	2021	2020	2019	2018
骨干企业	6.86	7.06	9.48	6.99	7.68	7.45	7.71	9.81	7.90	8.25
全部企业	6.12	6.53	8.87	6.15	5.82	7.61	8.06	8.98	7.87	7.23

三、育繁推一体化企业经营情况

截至 2022 年年底，共有持证育繁推一体化企业 129 家。考虑兼并重组后母公司报表包含子公司的情况，剔除母子公司同属育繁推企业的子公司数据，纳入计算数据的企业有 108 家。

（一）育繁推一体化企业规模情况

1. 育繁推一体化企业资产

2022 年种业育繁推一体化企业的总资产总额达 794.81 亿元，较 2021 年增加 94.54 亿元，占全部种子企业总资产的 25.89%。净资产总额达 428.22 元，较 2021 年增加 31.40 亿元，占全部种子企业净资产的 26.44%。固定资产总额为 121.36 亿元，比 2021 年增加 2.76 亿元，占全部种子企业固定资产的 17.22%。

2. 育繁推一体化企业人员

种业育繁推一体化企业的职工总人数 19 932 人，较 2021 年增加 494 人；其中，本科及以上学历 8 673 人，分别占全国的 13.65% 和 20.12%。

（二）育繁推一体化企业经营情况

1. 育繁推一体化企业的种子销售

2022 年育繁推一体化企业实现种子销售收入 335.37 亿元，较 2021 年增长 22.71%，占全部企业种子销售收入的 31.57%。其中代制（繁）种子销售收入 12.95 亿元，较 2021 年增长 0.83%；商品种子销售收入 311.36 亿元，较 2021 年增长 23.60%；商品种子销售中本企业商品种子销售收入 305.51 亿元（含本企业商品种子出口 5.85 亿元），较 2021 年增长 21.38%；销售其他企业商品种子销售收入 11.07 亿元，较 2021 年增长 29.43%。

2. 育繁推一体化企业的种子经营利润

2022 年育繁推一体化企业实现利润总额 30.95 亿元，较 2021 年增长 15.95%，占全部种子企业利润总额的 27.33%；种子经营利润 25.82 亿元，较 2021 年增长 18.61%，占全部企业种子经营利润的 35.10%。育繁推一体化企业的行业利润率（即种子经营利润率）为 7.70%，较 2021 年下降 0.27 个百分点；种子企业的净资产收益率 6.85%，较 2021 年增加 0.37 个百分点。

（三）育繁推一体化企业科研投入情况

2022 年育繁推一体化种子企业科研总投入为 23.30 亿元，较 2021 年增加 4.40 亿元，占本企业商品种子销售收入的 7.48%。其中，企业自主科研投入 20.33 亿元，财政项目投入资金 2.93 亿元，非财政资金投入企业科研 0.04 亿元。

四、瓜菜种子企业经营发展情况

据初步统计，2022 年全国经营有大白菜、结球甘蓝、黄瓜、番茄、辣椒、茎瘤芥、西瓜、甜瓜、胡萝卜、白萝卜、豇豆、四季豆、菠菜、大葱、茄子、芹菜等 16 种瓜菜作物种子的企业 2 743 家[①]，其中经营大白菜的企业 785 家、结球甘蓝企业 396 家、黄瓜企业 758 家、番茄企业 732 家、辣椒企业 953 家、茎瘤芥企业 86 家、西瓜企业 680 家、甜瓜企业 515 家、胡萝卜企业 463 家、白萝卜企业 672 家、豇豆企业 855 家、四季豆企业 747 家、菠菜企业 596 家、大葱企业 319 家、茄子企业 438 家、芹菜企业 394 家。

（一）企业经营情况

2022 年瓜菜企业实现种子销售收入 98.94 亿元，占全部企业种子销售收入的 9.31%，其中代制（繁）种子销售收入 7.67 亿元，商品种子销售收入 91.27 亿元，商品种子销售收入中本企业商品种子销售收入 73.49 亿元（含本企业商品种子出口 6.59 亿元），销售其他企业商品种子销售收入 17.79 亿元。

---

① 同一家企业经营多种瓜菜作物种子的，按一家企业计算。

2022年瓜菜企业商品种子总销量6 860.46万千克，其中出口国外的种子306.03万千克。

（二）各类瓜菜作物企业国内经营情况

1. 大白菜企业

2022年实现种子销售收入6.77亿元，占全部瓜菜企业种子销售收入的7.33%，其中商品种子销售收入6.21亿元，商品种子销售收入中本企业商品种子销售收入5.41亿元。种子总销量739.13万千克，其中商品种子总销量622.51万千克，本企业商品种子总销量584.54万千克。

2. 结球甘蓝企业

2022年实现种子销售收入3.66亿元，占全部瓜菜企业种子销售收入的3.96%，其中商品种子销售收入3.55亿元，商品种子销售收入中本企业商品种子销售收入2.72亿元。种子总销量71.80万千克。

3. 黄瓜企业

2022年实现种子销售收入4.96亿元，占全部瓜菜企业种子销售收入的5.37%，其中商品种子销售收入4.76亿元，商品种子销售收入中本企业商品种子销售收入3.92亿元。种子总销量70.72万千克，其中商品种子总销量66.25万千克，本企业商品种子总销量60.02万千克。

4. 番茄企业

2022年实现种子销售收入14.89亿元，占全部瓜菜企业种子销售收入的16.12%，其中商品种子销售收入13.66亿元，商品种子销售收入中本企业商品种子销售收入9.41亿元。种子总销量56.89万千克，其中商品种子总销量46.45万千克，本企业商品种子总销量42.58万千克。

5. 辣椒企业

2022年实现种子销售收入19.33亿元，占全部瓜菜企业种子销售收入的20.93%，其中商品种子销售收入17.56亿元，商品种子销售收入中本企业商品种子销售收入14.81亿元。种子总销量269.42万千克，其中商品种子总销量245.44万千克，本企业商品种子总销量237.85万千克。

6. 茎瘤芥企业

2022年实现种子销售收入0.27亿元，占全部瓜菜企业种子销售收入的0.29%，其中商品种子销售收入0.27亿元，商品种子销售收入中本企业商品种子销售收入0.25亿元。种子总销量43.72万千克，其中商品种子总销量43.63万千克，本企业商品种子总销量41.46万千克。

7. 西瓜企业

2022年实现种子销售收入10.65亿元，占全部瓜菜企业种子销售收入的11.53%，其中商品种子销售收入9.32亿元，商品种子销售收入中本企业商品种子销售收入8.63亿元。种子总销量1 355.19万千克，其中商品种子总销量1 311.62万千克，本企业商品种子总销量1 305.06万千克。

8. 甜瓜企业

2022年实现种子销售收入4.12亿元，占全部瓜菜企业种子销售收入的4.46%，其中商品种子销售收入3.78亿元，商品种子销售收入中本企业商品种子销售收入3.34亿元。种子总销量94.44万千克，其中商品种子总销量 28.91 万千克，本企业商品种子总销量 27.11 万千克。

9. 胡萝卜企业

2022 年实现种子销售收入 6.95 亿元，占全部瓜菜企业种子销售收入的 7.52%，其中商品种子销售收入 6.72 亿元，商品种子销售收入中本企业商品种子销售收入 3.67 亿元。种子总销量 118.16 万千克，其中商品种子总销量 94.82 万千克，本企业商品种子总销量 81.39 万千克。

10. 白萝卜企业

2022 年实现种子销售收入 4.32 亿元，占全部瓜菜企业种子销售收入的 4.68%，其中商品种子销售收入 3.61 亿元，商品种子销售收入中本企业商品种子销售收入 3.25 亿元。种子总销量 655.56 万千克，其中商品种子总销量 488.32 万千克，本企业商品种子总销量 439.13 万千克。

11. 豇豆企业

2022 年实现种子销售收入 4.75 亿元，占全部瓜菜企业种子销售收入的 5.14%，其中商品种子销售收入 4.38 亿元，商品种子销售收入中本企业商品种子销售收入 4.10 亿元。种子总销量 1 114.67 万千克，其中商品种子总销量 998.71 万千克，本企业商品种子总销量 944.55 万千克。

12. 四季豆企业

2022 年实现种子销售收入 2.34 亿元，占全部瓜菜企业种子销售收入的 2.54%，其中商品种子销售收入 1.97 亿元，商品种子销售收入中本企业商品种子销售收入 1.85 亿元。种子总销量 1 024.32 万千克，其中商品种子总销量 826.03 万千克，本企业商品种子总销量 782.49 万千克。

13. 菠菜企业

2022 年实现种子销售收入 3.05 亿元，占全部瓜菜企业种子销售收入的 3.30%，其中商品种子销售收入 2.85 亿元，商品种子销售收入中本企业商品种子销售收入 1.39 亿元。种子总销量 733.13 万千克，其中商品种子总销量 631.92 万千克，本企业商品种子总销量 450.72 万千克。

14. 大葱企业

2022 年实现种子销售收入 4.10 亿元，占全部瓜菜企业种子销售收入的 4.44%，其中商品种子销售收入 3.98 亿元，商品种子销售收入中本企业商品种子销售收入 2.42 亿元。种子总销量 79.88 万千克，其中商品种子总销量 70.43 万千克，本企业商品种子总销量 53.26 万千克。

15. 茄子企业

2022 年实现种子销售收入 1.44 亿元，占全部瓜菜企业种子销售收入的 1.56%，其中商品种子销售收入 1.41 亿元，商品种子销售收入中本企业商品种子销售收入 1.15 亿元。种子总销量 29.98 万千克，其中商品种子总销量 26.99 万千克，本企业商品种子总销量 26.25 万千克。

16. 芹菜企业

2022 年实现种子销售收入 0.76 亿元，占全部瓜菜企业种子销售收入的 0.82%，其中商品种子销售收入 0.67 亿元，商品种子销售收入中本企业商品种子销售收入 0.59 亿元。种子总销量 97.42 万千克，其中商品种子总销量 83.46 万千克，本企业商品种子总销量 78.12 万千克。

五、各地种子企业经营发展情况

（一）各地种子企业数量

2022年，27个省（区、市）和新疆生产建设兵团种子企业数量增加，增加较多的有山东、河南、安徽、河北、广西、甘肃、黑龙江和新疆，分别增加67家、67家、62家、53家、35家、24家、21家和20家；广东和吉林2个省的种子企业数量减少最多，均减少5家。

2022年，山东和河南种子企业数量分别排名第一和第二，分别为744家和735家，占到全国种子企业总数量9.12%和9.01%。除西藏没有种子企业外，青海种子企业数量最少，仅28家。2022年各省（区、市）的种子企业数量分布情况见表4-22。

表4-22 2018—2022年各省（区、市）种业企业数量　　（单位：家）

省（区、市）	2022年	2021年	2020年	2019年	2018年	省（区、市）	2022年	2021年	2020年	2019年	2018年
山东	744	677	617	566	490	云南	209	200	180	135	123
河南	735	668	641	572	504	山西	179	171	166	159	139
甘肃	676	652	633	567	502	江苏	161	154	151	138	126
河北	512	459	445	401	336	湖南	157	156	144	120	75
辽宁	470	456	434	391	317	江西	152	143	108	147	124
黑龙江	436	415	428	337	296	福建	143	138	126	97	89
广西	398	363	388	286	251	贵州	118	110	112	41	44
四川	382	374	347	274	255	浙江	116	104	95	91	81
安徽	381	319	295	285	272	陕西	112	106	103	99	72
北京	297	295	298	269	250	重庆	96	87	71	33	24
广东	277	282	265	262	236	海南	61	48	50	38	26
吉林	269	274	289	276	220	天津	57	55	55	53	47
湖北	236	218	220	222	200	上海	54	54	52	52	52
新疆	231	211	212	142	163	新疆兵团	35	32	29	25	22
内蒙古	221	217	215	195	186	青海	28	25	30	20	19
宁夏	216	205	173	100	122	西藏	0	0	0	0	0

（二）各地种子企业人员

在各省（区、市）种业企业的从业人员中，人数超过万人的省有山东、甘肃、安徽和河南（图4-9）。

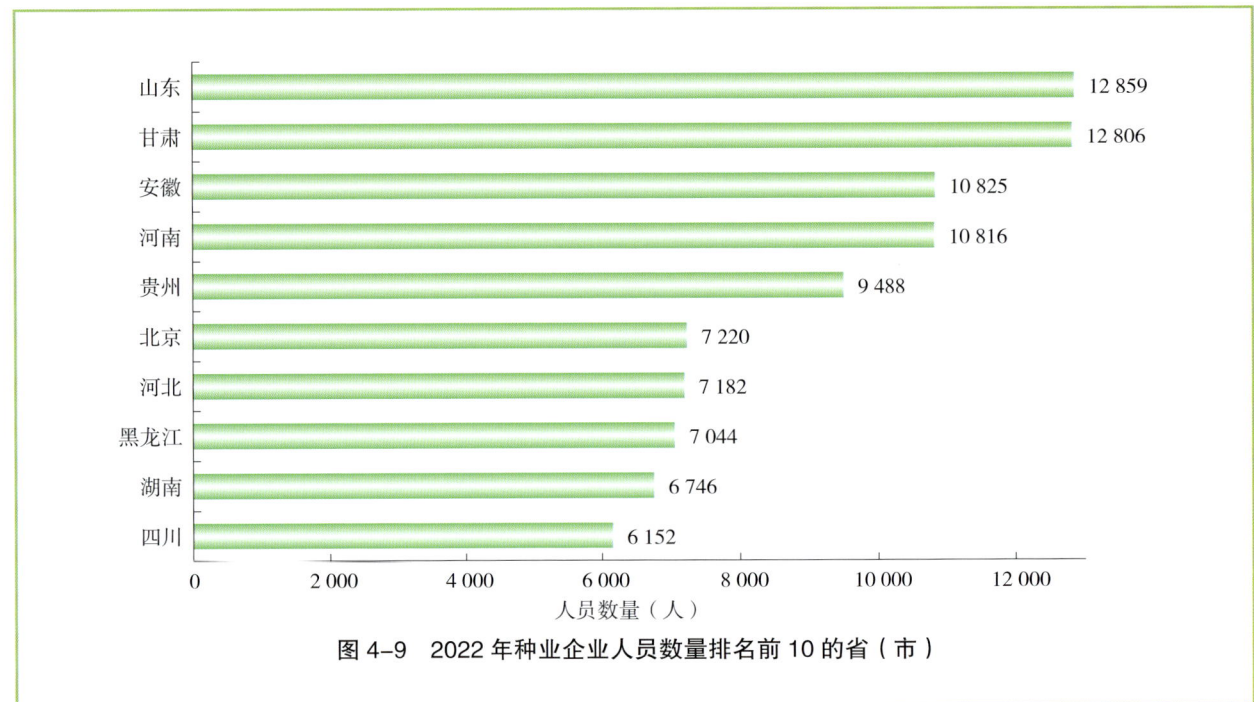

图 4-9　2022 年种业企业人员数量排名前 10 的省（市）

贵州、山东、安徽、河南和北京是种子企业拥有本科学历以上职工数量最多的 5 个省（市），分别有本科以上学历职工 5 381 人、3 621 人、3 420 人、3 313 人和 2 992 人。

山东和河南种子企业的科研人员数量最多，分别为 3 550 人和 2 929 人。大部分省（区、市）的科研人员比例仍旧处在 10%～30%。2022 年种子科研人员数量排名前 10 的省（区、市）见图 4-10。

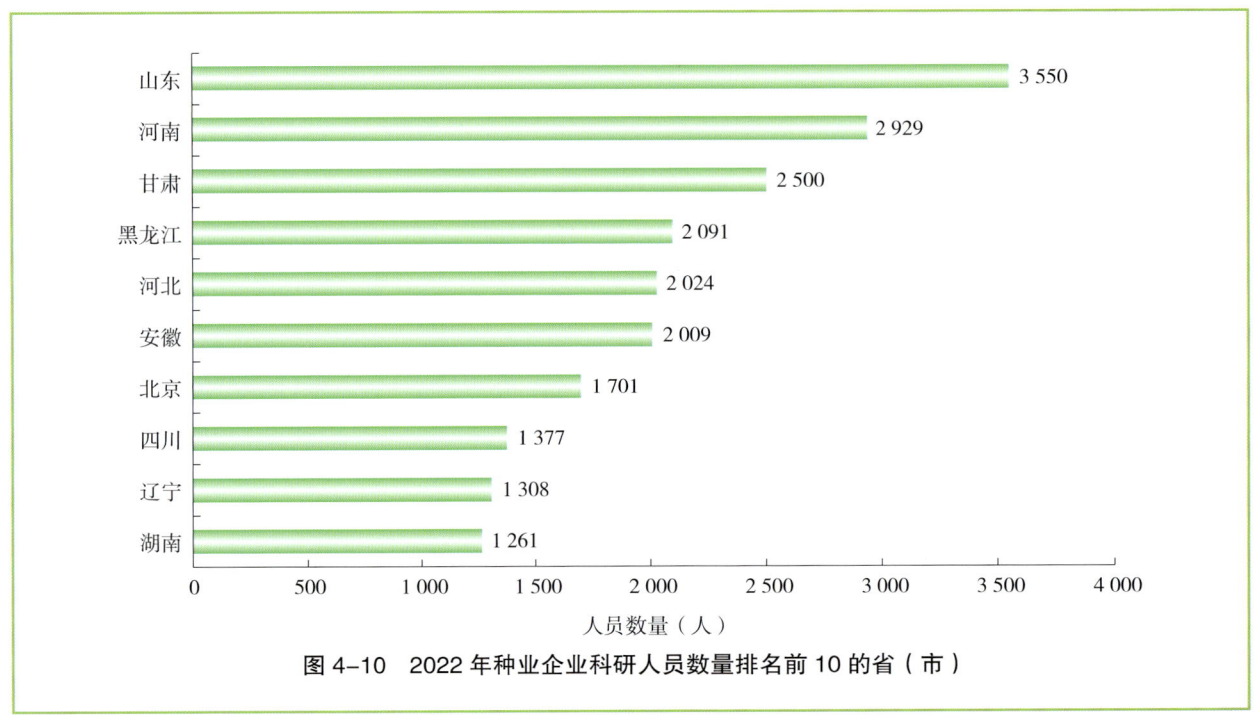

图 4-10　2022 年种业企业科研人员数量排名前 10 的省（市）

（三）各地种子企业资产

2022年种子企业总资产超过2亿元（含）的有263家，其中，多于10家的省（区、市）有甘肃、北京、安徽、新疆、内蒙古、山东、云南，分别为27家、19家、18家、15家、14家、14家和11家，占到总数的44.87%。

净资产超过1亿元（含）的种子企业共有292家，其中，多于10家的省（区、市）有甘肃、山东、北京、内蒙古、四川、湖南、安徽、新疆、河南、辽宁、云南和黑龙江，分别有29家、20家、19家、16家、14家、14家、13家、13家、13家、12家、11家和11家，占总数的60%以上。

固定资产大于5 000万元（含）的种子企业共有196家，其中，多于10家的省（区、市）有甘肃、山东、内蒙古、黑龙江、北京和安徽，分别为20家、18家、15家、15家、11家和11家，占总数的45.92%。2022年种业企业资产数量排名前10省（区、市）见图4-11。

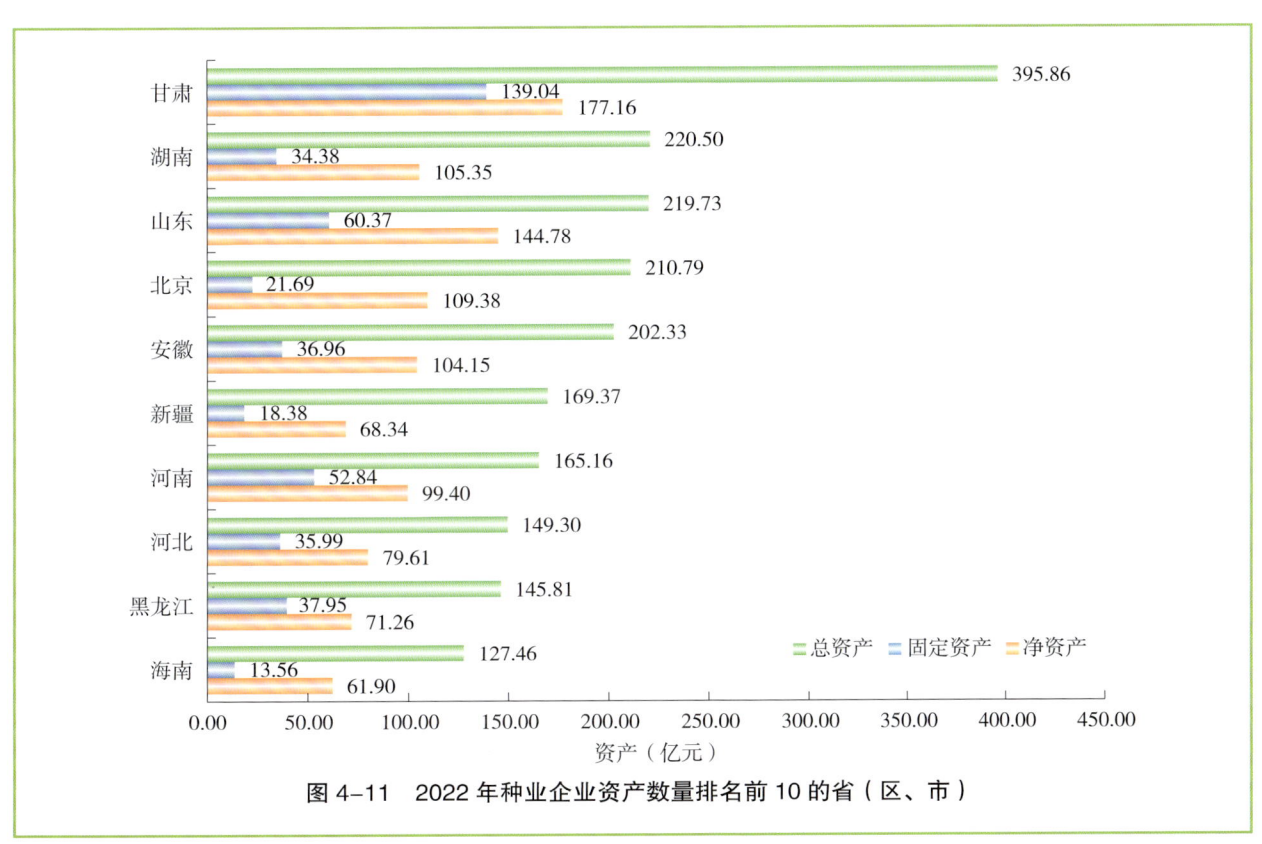

图4-11　2022年种业企业资产数量排名前10的省（区、市）

（四）各地种子企业科研投入

2022年，北京种子企业科研投入位居全国各省（区、市）之首，为7.52亿元，比2021年增加1.97亿元，占到全国种业企业科研总投入的11.56%。企业自主科研投入力度最大的是北京，投入资金6.49亿元，财政项目投入企业科研力度最大的是湖南，投入资金1.23亿元。2022年种业企业科研投入排名前10省（区、市）见图4-12。

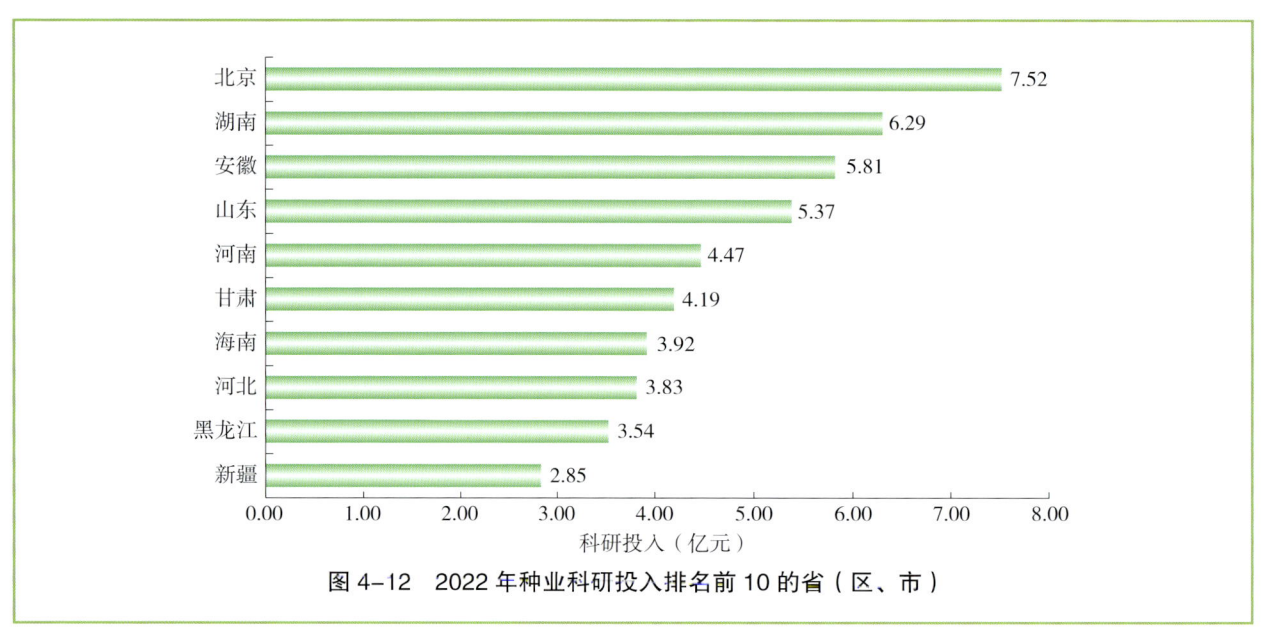

图 4-12　2022 年种业科研投入排名前 10 的省（区、市）

（五）各地审定品种企业占比

2022 年各省审品种数 4 913 个。企业占比居全国各省（区、市）之首的是辽宁，当年企业审定品种 280 个，占比 83.09%；其次是吉林，当年企业审定品种 182 个，占比 67.66%；内蒙古、安徽、江西、山东、陕西、甘肃等省（区）的省审品种中，企业品种占比都在 60% 以上（表 4-23）。

表 4-23　2022 年各省（区、市）省审品种中企业品种占比

省（区、市）	省审品种数（个）	企业品种（个）	企业占比（%）	省（区、市）	省审品种数（个）	企业品种（个）	企业占比（%）
北京	15	5	33.33	河南	239	111	46.44
天津	11	3	27.27	湖北	187	113	60.43
河北	207	116	56.04	湖南	119	75	63.03
山西	208	112	53.85	广东	193	106	54.92
内蒙古	164	102	62.20	广西	401	214	53.37
辽宁	337	280	83.09	海南	14	3	21.43
吉林	269	182	67.66	重庆	92	28	30.43
黑龙江	434	259	59.68	四川	263	115	43.73
上海	16	6	37.50	贵州	121	76	62.81
江苏	172	73	42.44	云南	423	256	60.52
浙江	58	15	25.86	陕西	119	77	64.71
安徽	255	170	66.67	甘肃	183	117	63.93
福建	119	38	31.93	青海	6	3	50.00
江西	67	43	64.18	宁夏	83	41	49.40
山东	138	87	63.04	新疆	0	0	0

（六）各地种子企业经营效益

2022 年各地企业种子销售收入比较，甘肃种子企业种子销售收入 124.49 亿元，居各省（区、

市）之首；山东商品种子销售收入达到117.44亿元，销售本企业商品种子销售收入105.01亿元，均位居各省（区、市）之首（图4-13）。代制（繁）种子销售收入最高的省份为制（繁）种集中地甘肃，制（繁）种销售收入达到61.40亿元。

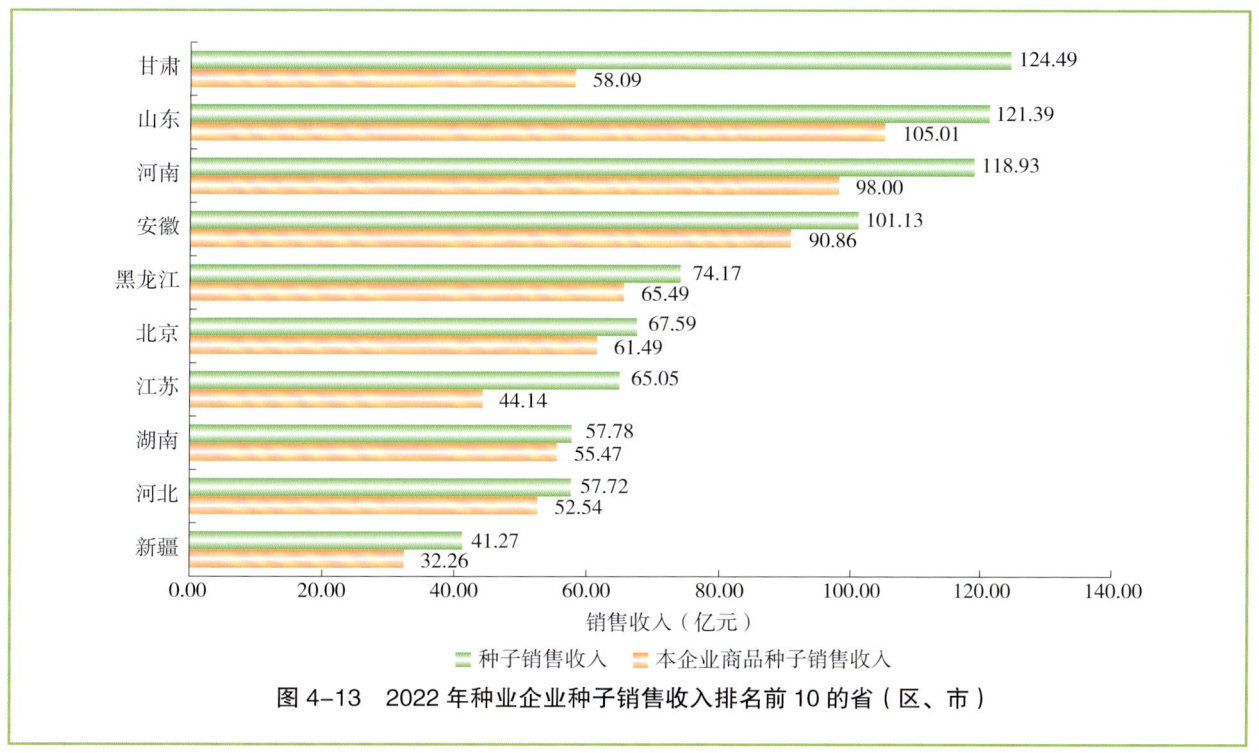

图4-13　2022年种业企业种子销售收入排名前10的省（区、市）

各地种子企业经营利润比较，甘肃种子企业利润总额、净利润总额均位居各省（区、市）之首，分别为13.50亿元、13.04亿元；山东种子企业种子经营利润位居各省（区、市）之首，为10.43亿元（图4-14）。

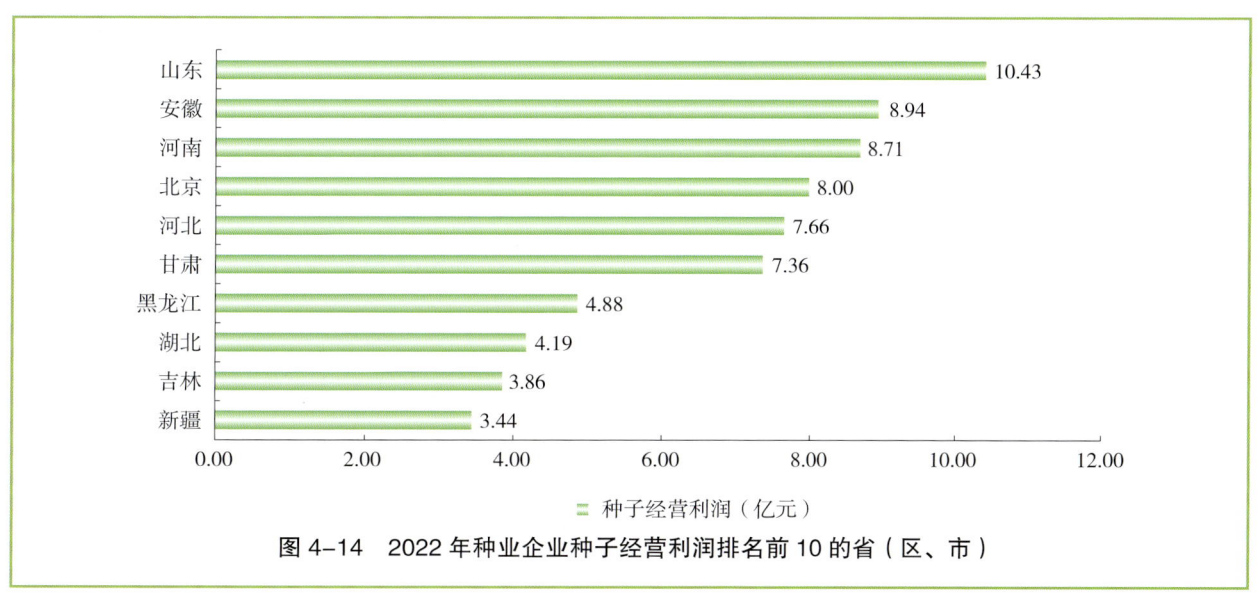

图4-14　2022年种业企业种子经营利润排名前10的省（区、市）

第五篇 种业管理与服务

一、种子管理体系

(一) 种子管理服务机构设置情况

1. 行政单位（机构）设置情况

截至 2022 年年底，全国有 30 个省（区、市）设置种业相关行政处室，只有山东省仍由种子管理站承担所有工作。行政处室的设置主要分为三种情况：一是单独设置"种业管理处""种业发展处"等，包括北京、天津、山西、内蒙古、辽宁、吉林、黑龙江、上海、江苏、安徽、福建、江西、河南、湖北、湖南、广东、广西、海南、重庆、四川、贵州、云南、甘肃、青海、新疆 25 个省（区、市）；二是"种植业和种业管理处"合署办公，包括河北、浙江和陕西 3 个省；三是包含在"种植业管理处"内部，包括宁夏和西藏 2 个自治区。

2. 事业单位（机构）设置情况

省级层面：主要是两种情形，一是单独设立独立法人机构的 24 个省（区、市）及新疆生产建设兵团，这里面有设置为"种子（服务、总）站"的北京、河北、吉林、江苏、浙江、安徽、福建、山东、湖南、广西、海南、重庆、四川、贵州、云南、甘肃、陕西、青海、宁夏等 19 个省（区、市），黑龙江设置为"种业技术服务中心"，山西、河南、新疆设置为"种业发展中心"，湖北设置为"种子管理局"，河南省种业发展中心还承担着畜禽种业相关职能；二是种业职能并入相关事业单位的 7 个省（区、市），天津市农业发展服务中心内设种子部、内蒙古自治区农牧业技术推广中心内设种业发展处、辽宁省农业发展服务中心内设种业发展中心、上海市农业技术推广服务中心内设种子科、江西省农业农村产业发展服务中心内设种业服务处、广东省农业技术推广中心内设种植业技术与种业推广部、西藏自治区农业技术推广服务中心内设种子站。

地市级层面：从全国看，地市级区划共有397个，其中，以独立法人机构形式存在的种子站仅有140个，占比35.26%（西藏未填报相关情况）；福建、河南、云南和陕西4省地级市独立法人种子机构占比80%以上，山西、黑龙江、山东、江西、海南、天津和上海7省（市）无地市级独立法人种子站。各省（区、市）地市级独立法人种子机构情况见表5-1。

表5-1　各省（区、市）地市级独立法人种子机构情况

省（区、市）	地级区划总数（个）	独立法人种子站形式机构数（个）	占比（%）
总计	397	140	35.26
福建	9	9	100.00
河南	18	17	94.44
云南	15	13	86.67
陕西	11	9	81.82
甘肃	14	11	78.57
河北	13	10	76.92
新疆	13	9	69.23
四川	21	14	66.67
广西	14	9	64.29
吉林	10	5	50.00
湖北	13	5	38.46
贵州	9	3	33.33
湖南	14	4	28.57
安徽	16	4	25.00
江苏	13	3	23.08
宁夏	5	1	20.00
重庆	37	6	16.22
北京	13	2	15.38
青海	8	1	12.50
广东	21	2	9.52
浙江	11	1	9.09
内蒙古	12	1	8.33
辽宁	14	1	7.14
山西	11	0	0.00
黑龙江	13	0	0.00
山东	16	0	0.00

（续表）

省（区、市）	地级区划总数（个）	独立法人种子站形式机构数（个）	占比（%）
江西	11	0	0.00
海南	3	0	0.00
天津	10	0	0.00
上海	9	0	0.00

县级层面：2 464个县级区域中，独立法人种子机构有685个，占比27.80%，较地市级全国平均水平低7个百分点。各省（区、市）县级独立法人种子机构情况见表5-2。

表5-2　各省（区、市）县级独立法人种子机构情况

省（区、市）	县级区划总数（个）	独立法人种子站形式机构数（个）	占比（%）
总计	2 464	685	27.80
甘肃	82	65	79.27
新疆	88	58	65.91
云南	129	85	65.89
福建	67	43	64.18
河南	163	80	49.08
陕西	101	49	48.51
广西	106	51	48.11
青海	24	9	37.50
四川	178	63	35.39
安徽	100	27	27.00
湖南	113	28	24.78
湖北	80	19	23.75
江苏	77	17	22.08
河北	150	31	20.67
贵州	90	18	20.00
宁夏	21	4	19.05
浙江	84	10	11.90
广东	125	10	8.00
黑龙江	95	6	6.32
内蒙古	87	4	4.60
辽宁	88	3	3.41
山西	114	3	2.63

（续表）

省（区、市）	县级区划总数（个）	独立法人种子站形式机构数（个）	占比（%）
江西	98	1	1.02
山东	140	1	0.71
吉林	49	0	0.00
海南	15	0	0.00

县级机构中属于独立法人种子站形式比例最高的是甘肃，其占比达到79.27%；县级机构超过100个的10个省（区）中，云南县级独立法人种子站机构比例最高，达到65.89%，其次是河南、陕西和广西，占比都略高于48%，山东县级机构中独立法人种子站形式比例最低，仅为0.71%，其次是山西，占比为2.63%；县级机构数处在50至100之间的省（区）中，黑龙江、内蒙古、辽宁和江西以独立法人种子站占比不到10%。

（二）种子管理体系的职能分工

本次调度分析主要有16项工作，包括：种子生产经营许可管理、种子市场监管、种质资源管理、种子储备管理、品种审定管理、引种备案管理、品种区试工作、品种登记工作、植物新品种保护工作、种子质量监督检验、品种展示评价、种子市场监测、种业统计分析、种子供需调度、南繁基地建设管理和种子基地建设管理，其中品种审定管理、引种备案管理、品种区试工作、品种登记工作和植物新品种保护工作等5项工作不涉及市县级层面。

1. 种子生产经营许可管理

种子生产经营许可管理包括种子生产经营许可证管理和种子生产备案管理两大块内容。

省级层面：单一部门负责的包括10个省（区、市），山西由行政审批处负责，天津、黑龙江、湖南、广东、江苏和上海6地由种业（种植业）处负责，贵州和广西由种子站负责，西藏由农业技术推广服务中心负责；多部门协同的包括21个省（区、市），辽宁、福建、河南和云南4地由行政审批处（办公室）负责，种业（种植业）处、种子站（中心）协助，北京、河北、内蒙古、吉林、上海、浙江、安徽、江西、山东、湖北、海南、四川、重庆、山西、甘肃、青海和新疆等17地由种业（种植业）处负责，种子站（中心、局）、农技（业）中心协助。

地市级层面：65.5%由农业农村部门内设行政机构负责，10.8%由综合行政审批部门负责，6.2%由种子站（中心）负责，2.6%由农业执法大队负责，4.6%由事业性质单位负责，10.3%没有明确负责单位。

县级层面：52.5%由农业农村部门内设行政机构负责，14.6%由综合行政审批部门负责，12.3%由种子站（中心）负责，4.7%由农业执法大队负责，6.5%由事业性质单位负责，1.3%由其他类型单位负责，8.2%没有明确负责单位。

2. 种子市场监管

省级层面：单一部门牵头负责的有9个省（区、市），黑龙江和广东由种业管理处负责，上海由农业综合执法总队负责，山东、湖北、广西、宁夏和贵州5地由种子站（中心、局）负责，西藏由农业技术推广服务中心负责；多部门协同的有22个省（区、市），北京、河南、湖北和重庆4地由农业农村部门负责，执法总队、种子站（局）协助，天津、福建、江西和青海4地由农业综合执法（监督）局（总队）负责，种业处、农技（业）中心、种子站（中心）协助；山西、内蒙古、辽宁、吉林、江苏、浙江、安徽、湖南、海南、四川、云南、陕西、甘肃和新疆14地由种业（种植业）处负责，种子站（中心）、农技（业）中心协助。

地市级层面：48.5%由农业农村部门内设行政机构负责，34.8%由农业执法大队负责，9.8%由种子站（中心）负责，3.6%由事业性质单位负责，3.4%没有明确负责单位。

县级层面：44.8%由农业农村部门内设行政机构负责，31.1%由农业执法大队负责，11.5%由种子站（中心）负责，6.9%由事业性质单位负责，1.3%由其他类型单位负责，4.4%没有明确负责单位。

3. 种质资源管理

省级层面：单一部门负责的有13个省（区、市），天津、黑龙江、上海、湖南、海南、甘肃和新疆7地由农业农村部门负责，山东、广西、贵州、宁夏和青海5地由种子站（中心）负责，西藏由农业技术推广服务中心负责；多部门协同的有18个省（区、市），河北是省农林科学院负责，省种子总站协助，湖北是省种子管理局负责，省农业科学院协助，山西是省农业农村厅种业处负责，行政审批处协助，北京、内蒙古、辽宁、吉林、江苏、浙江、安徽、福建、江西、河南、广东、重庆、四川、云南和陕西15地由种业（种植业）处负责，种子站（中心）、农技（业）中心协助。

地市级层面：61.6%由农业农村部门内设行政机构负责，16.2%由种子站（中心）负责，14.7%由事业性质单位负责，1.0%由农业执法大队负责，6.4%没有明确负责单位。

县级层面：48.9%由农业农村部门内设行政机构负责，20.0%由种子站（中心）负责，5.0%由农业执法大队负责，15.4%由事业性质单位负责，0.6%由其他类型单位负责，10.1%没有明确负责单位。

4. 种子储备管理

省级层面：单一部门负责的有14个省（区、市），天津、山西、黑龙江、广东和海南5地由农业农村部门负责，河北、山东、湖北、广西、贵州、云南、青海和宁夏8地由种子站（局）负责，西藏由农业技术推广服务中心负责；多部门协同的有北京、内蒙古、辽宁、吉林、上海、江苏、浙江、安徽、福建、江西、河南、湖南、重庆、四川、陕西、甘肃和新疆17地，均由种业（种植业）处负责，种子站（中心）、农技（业）中心协助。

地市级层面：47.4%由农业农村部门内设行政机构负责，16.0%由种子站（中心）负责，12.4%由事业性质单位负责，0.5%由农业执法大队负责，1地设置在政府，1地设置在发改委，1地设置在供销社，另外22.9%没有明确负责单位。

县级层面：40.9%由农业农村部门内设行政机构负责，16.2%由种子站（中心）负责，3.7%由农业执法大队负责，11.2%由事业性质单位负责，0.9%由其他类型单位负责，27.1%没有明确负责单位。

5. 品种审定管理

省级层面：单一部门负责的有15个省（区、市），天津、黑龙江和湖南3地由农业农村部门负责，河北、山西、江苏、山东、湖北、广西、海南、贵州、云南、青海和宁夏11地由种子站（中心、局）负责，西藏由农业技术推广服务中心负责；多部门协同的有16个省（区、市），安徽由种子站负责，种业管理处协助，北京、内蒙古、辽宁、吉林、上海、浙江、福建、江西、河南、广东、重庆、四川、陕西、甘肃和新疆15地由种业（种植业）处负责，种子站（中心）、农技（业）中心协助。

6. 引种备案管理

省级层面：单一部门负责的有16个省（区、市），天津和湖南由农业农村部门负责，河北、山西、黑龙江、江苏、浙江、福建、山东、湖北、广西、海南、贵州、青海和宁夏13地由种子站（中心、局）负责，西藏由农业技术推广服务中心负责；多部门协同的有15个省（区、市），安徽由种子站负责，种业管理处协助，北京、内蒙古、辽宁、吉林、上海、江西、河南、广东、重庆、四川、云南、陕西、甘肃和新疆14地由种业（种植业）处负责，种子站（中心）、农技（业）中心协助。

7. 品种区试工作

省级层面：单一部门负责的有20个省（区、市），上海由农业农村部门负责，天津、内蒙古、广东和西藏由农业技术推广服务中心负责，河北、山西、辽宁、黑龙江、江苏、浙江、福建、山东、湖北、广西、海南、贵州、云南、青海和宁夏15地由种子站（中心、局）负责；多部门协同的有11个省（区、市），安徽由种子站负责，种业管理处协助，湖南由种子管理服务站负责，农作物良种引进示范中心协助，北京、吉林、江西、河南、重庆、四川、陕西、甘肃和新疆9地由种业（种植业）处负责，种子站（中心）协助。

8. 品种登记工作

省级层面：单一部门负责的有17个省（区、市），天津和西藏由农业中心负责，山西和广东由农业农村部门负责，河北、黑龙江、江苏、浙江、福建、山东、湖北、广西、海南、贵州、云南、青海和宁夏13地由种子站（中心、局）负责；多部门协同的有14个省（区、市），安徽由种子站负责，种业管理处协助，湖南由种子管理服务站负责，农作物良种引进示范中心协助，上海由农业农村部门负责，农业综合执法总队协助，北京、内蒙古、辽宁、吉林、江西、河南、重庆、四川、陕西、甘肃和新疆11地由种业（种植业）处负责，种子站（中心）、农技（业）中心协助。

9. 植物新品种保护工作

省级层面：北京无负责单位；单一部门负责的有15个省（区、市），天津、黑龙江、上海、山东、广东、海南和新疆7地由农业农村部门负责，河北、湖北、湖南、广西、贵州、青海和宁夏7地由种子站（中心、局）负责，西藏由农业技术推广服务中心负责；多部门协同的有山西、内蒙古、辽宁、吉林、江苏、浙江、安徽、福建、江西、河南、重庆、四川、云南、陕西和甘肃15地，均由种业（种植业）处负责，种子站（中心）、农技（业）中心协助。

10. 种子质量监督检验

省级层面：单一部门负责的有19个省（区、市），广东由种业管理处负责，天津、上海和西藏由农技（业）中心负责，内蒙古由农牧业技术推广中心负责，河北、山西、辽宁、黑龙江、江苏、福建、山东、广西、海南、贵州、云南、陕西、青海和宁夏14地由种子站（中心）负责；多部门协同的有12个省（区、市），安徽和浙江由种子站负责，种业管理处协助，湖南和湖北由种子站（局）负责，省农作物种子质量监督检验测试中心协助，北京、吉林、江西、河南、重庆、四川、甘肃和新疆8地由种业（种植业）处负责，种子站（中心）协助。

地市级层面：35.3%由农业农村部门内设行政机构负责，27.3%由种子站（中心）负责，20.9%由事业性质单位负责，8.5%由农业执法大队负责，8.0%没有明确负责单位。

县级层面：36.9%由农业农村部门内设行政机构负责，20.7%由种子站（中心）负责，13.2%由农业执法大队负责，12.2%由事业性质单位负责，0.6%由其他类型单位负责，16.3%没有明确负责单位。

11. 品种展示评价

省级层面：单一部门负责的有22个省（区、市），天津、上海、广东和西藏由农技（业）中心负责，内蒙古由农牧业技术推广中心负责，河北、山西、辽宁、黑龙江、江苏、浙江、福建、山东、湖北、湖南、广西、海南、贵州、云南、陕西、青海和宁夏17地由种子站（中心、局）负责；多部门协同的有9个省（区、市），安徽由种子站负责，种业管理处协助，北京、吉林、江西、河南、重庆、四川、甘肃和新疆8地由种业（种植业）处负责，种子站（中心）协助。

地市级层面：25.5%由农业农村部门内设行政机构负责，31.7%由种子站（中心）负责，33.8%由事业性质单位负责，2.1%由农业执法大队负责，7.0%没有明确负责单位。

县级层面：35.5%由农业农村部门内设行政机构负责，23.4%由种子站（中心）负责，4.1%由农业执法大队负责，22.1%由事业性质单位负责，0.4%由其他类型单位负责，14.5%没有明确负责单位。

12. 种子市场监测

省级层面：单一部门负责的有23个省（区、市），广东由种业管理处负责，天津、上海和西藏由农技（业）中心负责，内蒙古由农牧业技术推广中心负责，河北、山西、辽宁、黑龙江、江苏、浙江、福建、山东、湖北、湖南、广西、海南、贵州、云南、陕西、青海、宁夏和新疆18地由种子站（中心、局）负责；多部门协同的有8个省（市），安徽由种子站负责，种业管理处协助，北京、吉林、江西、河南、重庆、四川和甘肃7地由种业（种植业）处负责，种子站（中心）协助。

地市级层面：34.0%由农业农村部门内设行政机构负责，26.5%由种子站（中心）负责，25.3%由事业性质单位负责，8.0%由农业执法大队负责，6.2%没有明确负责单位。

县级层面：39.3%由农业农村部门内设行政机构负责，21.8%由种子站（中心）负责，10.1%由农业执法大队负责，16.9%由事业性质单位负责，0.6%由其他类型单位负责，11.3%没有明确负责单位。

13. 种业统计分析

省级层面：单一部门负责的有21个省（区、市），天津、上海和西藏由农技（业）中心负责，内蒙古由农牧业技术推广中心负责，河北、山西、辽宁、黑龙江、江苏、福建、山东、湖北、湖南、广西、海南、贵州、云南、陕西、青海、宁夏和新疆17地由种子站（中心、局）负责；多部门协同的有10个省（市），安徽和浙江由种子站负责，种业管理处协助，北京、吉林、江西、河南、广东、重庆、四川和甘肃8地由种业（种植业）处负责，种子站（中心）、农技中心协助。

地市级层面：36.9%由农业农村部门内设行政机构负责，29.6%由种子站（中心）负责，26.8%由事业性质单位负责，2.3%由农业执法大队负责，4.4%没有明确负责单位。

县级层面：41.1%由农业农村部门内设行政机构负责，24.2%由种子站（中心）负责，4.8%由农业执法大队负责，21.1%由事业性质单位负责，0.7%由其他类型单位负责，8.1%没有明确负责单位。

14. 种子供需调度

省级层面：单一部门负责的有22个省（区、市），广东由种业管理处负责，天津、上海和西藏由农技（业）中心负责，内蒙古由农牧业技术推广中心负责，河北、山西、辽宁、黑龙江、江苏、福建、山东、湖北、湖南、广西、海南、贵州、云南、陕西、青海、宁夏和新疆17地由种子站（中心、局）负责；多部门协同的有9个省（市），安徽和浙江由种子站负责，种业管理处协助，北京、吉林、江西、河南、重庆、四川和甘肃7地由种业（种植业）处负责，种子站（中心）协助。

地市级层面：39.4%由农业农村部门内设行政机构负责，27.8%由种子站（中心）负责，25.8%由事业性质单位负责，1.5%由农业执法大队负责，5.4%没有明确负责单位。

县级层面：41.8%由农业农村部门内设行政机构负责，21.5%由种子站（中心）负责，4.0%由农业执法大队负责，18.9%由事业性质单位负责，0.9%由其他类型单位负责，12.9%没有明确负责单位。

15. 南繁基地建设管理

省级层面：单一部门负责的有17个省（区、市），天津和海南由农业农村部门负责，西藏由农技中心负责，湖南和新疆由南繁中心（基地）负责，河北、山西、黑龙江、浙江、福建、山东、湖北、广西、贵州、陕西、青海和宁夏12地由种子站（中心、局）负责；多部门协同的有14个省（区、市），江苏是南繁鉴定总站负责，种业处和种子站协助，安徽是种子站负责，种业处协助，广东是种业管理处负责，南繁中心协助，北京、内蒙古、辽宁、吉林、上海、江西、河南、重庆、四川、云南和甘肃11地由种业（种植业）处负责，种子站（中心）、农技（业）中心协助。

地市级层面：30.2%由农业农村部门内设行政机构负责；9.5%由种子站（中心）负责，7.7%由事业性质单位负责，0.8%由农业执法大队负责，51.8%没有明确负责单位。

县级层面：25.0%由农业农村部门内设行政机构负责，9.0%由种子站（中心）负责，2.4%由农业执法大队负责，6.5%由事业性质单位负责，0.3%由其他类型单位负责，56.7%没有明确负责单位。

16. 种子基地建设管理

省级层面：单一部门负责的有17个省（区、市），天津、黑龙江、湖南、广东、海南、陕西、甘肃和新疆8地由种业（种植业）处负责，河北、江苏、山东、湖北、广西、贵州、青海和宁夏8地由种子站（中心、局）负责，西藏由农技中心负责；多部门协同的有14个省（区、市），浙江由种子站负责，种业管理处协助，北京、山西、内蒙古、辽宁、吉林、上海、安徽、福建、江西、河南、重庆、四川和云南13地由种业（种植业）处负责，种子站（中心）、农技（业）中心协助。

地市级层面：44.6%由农业农村部门内设行政机构负责，17.0%由种子站（中心）负责，14.7%由事业性质单位负责，0.8%由农业执法大队负责，22.9%没有明确负责单位。

县级层面：36.5%由农业农村部门内设行政机构负责，15.6%由种子站（中心）负责，3.6%由农业执法大队负责，12.6%由事业性质单位负责，0.4%由其他类型单位负责，31.4%没有明确负责单位。

二、品种管理

（一）品种审定

1. 统筹推进各渠道试验有序开展

先后组织召开国家稻、玉米、棉花、大豆、小麦等5种主要农作物品种区试年会，制定印发各作物品种统一试验方案，安排5种作物品种统一试验202组、试验点次2 769个、参试品种1 803个次。完成绿色通道和联合体品种试验方案备案和审核，安排试验1 361组、试验点次18 475个、参试品种10 600个次。初步实现各渠道试验全流程信息化管理，统一试验全面实行线上数据采集，共采集1 695多万条性状数据和10余万张图片，首次在线受理审核特殊类型试验方案11个。组织开展冬小麦、夏玉米和耐盐碱大豆区试技术培训，线上线下培训技术人员3万多人次。逐步树立国家统一试验标杆，带动各渠道品种试验质量水平持续提升。

2. 不断完善品种审定试验体系

2022年，国家继续组织开展节水抗旱稻、麦后直播稻、籽粒机收玉米、爆裂玉米、鲜食玉米、青贮玉米、机采棉等组别试验。深入贯彻落实习近平总书记"以种适地"指示精神，持续抓好耐盐碱水稻、小麦品种试验，新开设东北和黄淮耐盐碱大豆品种区试，加大耐盐碱品种筛选力度。组织各省开展适宜大豆玉米带状复合种植品种筛选，开设南方优质双季早粳品种试验，支持并指导重点省份开展再生稻品种区试和联合筛选。启动国家级转基因大豆玉米品种统一试验，制定出台国家级转基因大豆玉米品种审定标准。品种审定试验的内容更加丰富，满足市场多元化需求的作用更加凸显。

3. 持续健全品种审定制度

印发《农业农村部办公厅关于加强主要农作物品种绿色通道和联合体试验管理工作的通知》，制定工作方案，组织开展自查、省级抽查和部省联查，全面规范两个通道试验。开展国家农作物品种审定委员会换届工作，印发《农业农村部关于成立第五届国家农作物品种审定委员会的通知》，委员共计 116 人，大豆专委会由上一届 17 人增至 21 人，其他专业委员会还考虑了生物育种产业化及再生稻、耐盐碱品种选育等工作的需要。印发《农业农村部种业管理司关于省级品种审定有关情况的通报》，切实把审计发现的问题督促整改到位。完成《主要农作物品种审定办法》《农业植物品种命名规定》修订工作，明确转基因品种审定要求。

4. 审定品种数量实现平稳回落

依法开展品种审定，进一步优化工作流程，提高审定效率。审定推出高产稳产、绿色优质的稻、小麦、玉米、棉花、大豆品种 1560 个。全面实施国家水稻、玉米新标准，审定通过稻、玉米品种数量同比分别减少 35%、10%，审定品种数量由快速增长开始转向平稳回落。与此同时，审定品种试验亩产稳中有增，小麦由 2017 年的 416 公斤提升到 2022 年的 488 公斤，增幅达到 17%。米质达到国标二级以上优质稻品种占比首次超过六成，推出兼具绿色、优质、高产的"三好品种" 22 个。

5. 品种类型更好满足生产多元需要

优化完善品种审定标准，突出绿色优质、专用特用指标，引导品种选育，加快绿色优质、专用特用品种试验审定进程。2022 年，国家审定绿色优质品种 477 个次、特殊类型品种 124 个次，审定耐盐碱水稻和小麦品种 7 个、麦后直播水稻品种 27 个、节水抗旱稻品种 1 个。针对带状复合种植急迫需求，遴选推荐了 8 个适合带状复合种植的苗头性大豆品种。这些品种的推出，将为满足稳粮扩油、适应生产方式转变发挥重要的品种支撑作用。

（二）品种登记

1. 优化审查流程，保障品种登记高效运转

按照行政许可事项清单管理要求，严格落实非主要农作物品种登记行政确认事项。制定实施登记审查指南，不断统一省级审查尺度；严格执行省级工作通报制度，不断压实省级审查主体责任；严格执行品种命名专家协查机制，不断规范品种命名；认真组织实施 7 个品种试验规范行业标准，不断规范事前品种试验。2022 年，全国 29 种作物申请登记品种 4 310 个，省级审查通过 3 014 个，部级复核退回登记申请 1 127 个次，部级复核公示 3 084 个，规范品种命名 137 个，共发布登记公告 6 批，公告品种 3 430 个，其中新选育品种 2 465 个、占比 71.9%。

2. 开展专项整治，有序清理登记问题品种

按照种业振兴市场净化行动总体安排部署，依法持续清理问题品种。全年发布撤销公告 2 批，撤销品种 560 个，有效维护了种业市场秩序。持续开展向日葵"仿种子"清理，同时启动黄瓜、甜瓜登记问题品种清理，2022 年共撤销登记品种 560 个，其中向日葵 228 个、黄瓜 85 个、甜瓜 226 个。有关省份加强登记品种事后监管，主动上报撤销 23 个问题品种。

3. 加强跟踪评价，科学研判品种发展趋势

开展登记品种符合性验证。制定实施杂粮、果树等登记作物验证方案 10 个，在 15 个省份种植验证品种 354 个次，指导 17 个省份自主验证品种 1 280 个。强化登记品种跟踪调查。聚焦 7 种大宗蔬菜和油菜、花生等油料作物，调查有代表性的种业企业品种销售推广情况，基本掌握了主要品种及主要企业。

（三）品种保护

1. 有效开展品种权受理审查

2022年，受理品种权申请11 199件，连续六年居UPOV成员首位；授权3375件；开展80余个植物属种6 172个品种的DUS测试和166个品种现场考察，完成4 500份测试报告审查；受理品种权复审案件15件，结案19件；收到授权前异议案件35件，结案件19件，在审异议104件。

2. 加快完善种业知识产权保护法规体系

深入贯彻落实新修改种子法，2022年3月30日在北京组织召开种子法实施座谈会，全国人大吉炳轩副委员长、农业农村部唐仁健部长出席并讲话，对贯彻落实工作进行了再研究再部署。组织开展《植物新品种保护条例》修订工作，多次组织研讨，形成征求意见稿，完成向相关部委、各省和社会征求意见。配合全国人大农业与农村委员会、全国人大常委会法制工作委员会编制《植物新品种保护法律制度》《种子法律导读（修订版）》等书籍，形成了一套权威性新品种保护解读课件、教材。开展实质性派生品种（EDV）制度研究，制定了实施方案，明确了我国EDV制度实施的路线图和时间表。指导海南自由贸易港农业植物新品种审查协作中心试运行，对海南审协中心人员开展线上、线下培训，帮助其建立专业审查队伍，承担受理审查任务。

3. 持续提升技术支撑能力

加强品种保护DNA指纹数据库建设与应用。组织完成265份样品转基因成分检测和50份样品真实性检测。采集玉米、水稻、大豆、西瓜、辣椒等作物6 504份DNA指纹，目前SSR指纹数据库共包含19种作物近4万份申请保护样品指纹，为15 000多份DUS测试样品提供近似品种筛选。完成国家标准化管理委员会对全国植物新品种测试标准化技术委员会考核评估；发布国家标准13项，农业农村行业标准18项；召开4次测试标准专家评审会，累计审查25项测试标准，进一步完善了我国植物新品测试标准体系。

4. 加强维权指导和司法合作

强化维权指导。通过遴选和评议，编制《2022年农业植物新品种保护十大典型案例》，并在全国保护种业知识产权打击假冒伪劣套牌侵权视频会议上发布。与最高人民法院、最高人民检察院、工业和信息化部、公安部、市场监管总局、国家知识产权局联合发布《关于保护种业知识产权打击假冒伪劣套牌侵权营造种业振兴良好环境的指导意见》，合力加强种业知识产权保护。

5. 持续开展宣传培训工作

持续发布品种保护数据信息。编著《2020年植物新品种保护发展报告》，编写《2022年知识产权年鉴》等植物新品种保护章节；发布6期《农业植物新品种保护公报》。在UPOV的PLUTO数据库上发布我国农业品种保护数据信息。通过线上线下举办5期品种DUS测试与植物新品种保护能力提升培训班，围绕品种创新与管理、DUS测试与品种保护、审定和登记衔接、DUS测试理论和实践等相关内容开展培训，培训学员千余人次。

（四）品种展示评价

1. 创新主要作物品种展示方式

全国共安排 5 种主要农作物品种展示点 177 个、展示品种 3 829 个次，示范点 151 个、示范品种 314 个次。组织开展 12 个部省共建区域性展示评价基地建设试点工作，开展区域集中展示。依托市场力量，搭建水稻、小麦、玉米新品种核心展示平台，开展区域联合展示。创新展示示范观摩方式，首次采用现场观摩和网络直播同步进行的方式，组织开展水稻、小麦、玉米全国性观摩活动，线上线下观摩人数累计超过 240 万人次。

2. 优化特色作物品种展示布局

全国共设立特色作物品种展示评价点 282 个，展示品种 2.1 万余个，举办 440 余次现场观摩活动，推介优良品种 900 余个。重点抓好短生育期冬油菜和高油高油酸、耐盐碱花生品种展示评价。在油菜上，在江西、湖南、湖北、广西等重点省份共建立展示点 5 个，种植评价品种 78 个，有效加快早熟油菜品种推广应用。在花生上，在河南、山东等主产区种植品种 45 个，筛选出高油高油酸花生品种 8 个、耐盐碱花生品种 12 个。

三、市场监管

（一）种子市场秩序

1. 持续开展种业监管执法年活动

2022 年 3 月印发《2022—2023 年全国种业监管执法年活动方案》，以种子基地、种子市场、种业企业为重点加强监督检查，8 月印发《农业农村部办公厅关于加强种子基地监管严厉打击"私繁滥制"等违法违规行为的通知》，严厉打击"私繁滥制"等违法违规行为。聚焦关键区域、关键品种、关键时节，部署开展春季、秋季种子市场和夏季制种基地检查。妥善处置投诉举报，全年受理涉及种子质量等投诉举报、部长信箱转办等案件线索 196 件，通过电话、网络平台接到各类举报咨询 2 100 多条，我部直接受理涉种投诉举报线索 29 件，均按规定及时转办各省。2022 年共召开 3 次植物新品种复审会议，审理复审案件 22 件。按照"双随机、一公开"要求，指导各地开展全年种业市场监管工作。推动各地农业农村部门强化行政执法、市场监管、司法保护等部门协同和区域联动，建立健全案情通报、案件移送、案例交流等机制，提升监管执法效能。全年累计检查门店、企业和制种基地 34.1 万个，抽查检测种子样品 9.82 万个，出动执法人员 65.7 万人次，立案查处种子案件 6 634 件，涉案金额超 1.03 亿元，移送司法机关处理 87 件。种子质量抽查合格率稳定在 98% 以上，持续保持较高水平。

2. 组织开展种业知识产权专项整治行动

新修改的《种子法》于 2022 年 3 月 1 日正式实施，建立了实质性派生品种制度，扩展植物新品种保护范围和环节，提升了种业知识产权保护水平。农业农村部会同有关部门采取多种形式的宣传解读活动，开展《种子法》宣讲进社区、进企业、进展会，加快推动新修改《种子法》落实落地。2022年1月，会同最高人民法院、最高人民检察院、公安部等单位和部门联合印发《关于保护种业知识产权打击假冒伪劣套牌侵权营造种业振兴良好环境的指导意见》，强化行政执法和刑事司法衔接，严厉打击种业违法犯罪行为；3月配合最高人民法院出台进一步加强涉种子刑事审判工作的指导意见，明确涉及种业违法犯罪的法律适用，提高了涉种子违法犯罪行为的刑事打击力度，充分发挥刑事审判对打击涉种子犯罪、保护种业知识产权的重要作用，加快构建种业知识产权大保护格局；4月联合公检法等有关方面部署开展种业知识产权保护、打击假冒伪劣套牌侵权工作，发布了2022年农业植物新品种保护十大典型案例，强化侵权震慑。针对套牌侵权案件，各地严格执法，重拳打击，查处一批大案要案，形成了严厉打击套牌侵权、制售假劣种子等违法行为的高压态势。

（二）种子质量控制与检验

1. 种子质量监管能力建设

全国共有具备资质的农作物种子质量检验机构283家，能够开展农作物种子质量检测。其中，275家具备发芽率、水分、净度、品种纯度等常规检测项目能力，46家具备SSR标记方法检测品种真实性项目能力，30家具备转基因成分检测项目能力，9家具备马铃薯健康检测项目能力。在全国范围内对持证种子检验机构和一批种子企业开展了种子检验能力验证，稳定了种子检验队伍，保持和提升了种子检验技术水平，增强了质量监管支撑能力。2022年4月，农业农村部发布了首批20家种业打假护权检验机构推荐名单。

2. 种子质量检验技术标准研制

全国统一的农作物品种DNA指纹库公共平台建成，在农业农村部等七部门召开的全国保护种业知识产权打击假冒伪劣套牌侵权视频会上上线启用，为保护育种创新、打击假冒侵权、强化登记品种管理再添"利器"；立项起草了《农作物种子检验规程》系列标准，评审报批了《农作物品种纯度田间小区种植鉴定技术规程小麦》等4项种子检验方面的行业标准，黄瓜、甜瓜、棉花品种真实性SSR检测标准发布实施，完成了38项国家标准的复审工作，标准制修订步伐加快。种业质量检验技术支撑逐步增强，为种业高质量发展提供坚实保障。

3. 种子认证试点示范工作

在17个省（区、市）35家企业安排13个作物50个品种的认证试点示范，总面积2.7万亩，认证种子"高质量"受到市场欢迎，种子认证"实施模式"得到行业认可。种子认证制度框架基本确立，技术体系逐步成熟，配套认证方案与操作规则等配套文件逐步修改完善，制度实施基础进一步夯实。

4. 种子质量控制与监督抽查

全面落实种子监管执法年活动方案，组织实施了春季市场检查、制种基地转基因监管、秋季市场检查、冬季企业抽查以及玉米大豆种子生产专项检查，对6747个样品开展了品种真实性检测、对2.72万个样品开展了种子转基因成分检测。农业农村部在指导各地开展监督抽查的同时，以主要

粮油作物和蔬菜作物为重点，直接抽查了471个种子样品，开展了种子净度、水分、发芽率和品种纯度检测，以及品种真实性和转基因成分检测。种子抽查合格率保持高位稳定，保障了生产用种质量安全。

（三）种子储备

1. 科学落实任务

按照"因灾定储、因需定储"原则，结合种子供需形势分析和灾害可能，确定国家救灾备荒储备种类和数量，受理并组织专家审核199家种子企业承储申请，落实7大类作物种子5 000万千克储备任务，其中救灾类种子1 000万千克，备荒类种子4 000万千克。

2. 及时组织调用

批准黑龙江、江西、四川等省动用国家救灾备荒储备种子11批次累计350余万千克，能保障170多万亩大田用种需求，可生产粮食（油料）7.6亿千克，有效弥补了水稻、玉米、大豆等种子供应缺口。

3. 强化储备管理

部署开展3次储备种子专项检查，组织各省（区、市）对辖区内国家储备任务落实情况、资金使用情况等开展检查，查处了一批违法违规承储企业，并取消承储资格，确保救灾备荒种子储备任务落实到位，管理严格规范。

4. 健全省级储备制度

督促指导相关地方尽快建立省级种子储备制度，黑龙江、内蒙古、山东等10个省（区）相继建立储备制度，截至2022年年底，全国共29个省（区、市）建立了省级种子储备制度，每年储备种子5 000余万千克。

四、种业信息服务

（一）种业统计

1. 完善种业统计顶层设计

优化完善行政抓统筹、事业抓落实的工作机制，推进农作物种业统计工作制度建设；根据《统计法》《种子法》《防范和惩治统计造假弄虚作假督察工作规定》等法律法规要求，组织编写《农作物种业统计工作规范》，为高素质的农作物种业统计人员队伍建设提供基础支撑，推动农作物种业统计工作再上新台阶。

2. 确保统计数据准确高效

组织召开全国农作物种业统计培训班，派员赴宁夏、江苏、云南、山东等省（区）开展省级培训，线上线下结合累计培训超30万人次。2022年4月完成2021年种业统计摘要编印工作，6月完成全国9 000多家机构和企业1 200多万条数据的审核上报工作，12月完成2021年全国农作物种业

统计手册编印工作，有效支撑了种业管理决策和行业生产经营，为种业振兴奠定了坚实的数据基础。

3. 强化统计数据分析利用

进一步优化种业发展报告结构和内容，扩展报告广度与深度，于2022年12月完成《2022年中国农作物种业发展报告》的出版。组建专家团队，开展种业安全与产业竞争力分析研究，落实重点作物种业安全风险评估研究和阵型企业跟踪评价，为国家种业企业扶优政策创设及种业强国发展提供信息支撑。

（二）种子产供需

1. 全力保障农业生产用种安全

围绕"两稳两扩"总体安排，紧盯重点作物、主要区域、关键农时，高质量完成春夏秋季种子产供需调度及大豆油料专题调度等工作，组织开展玉米、水稻和小麦种子市场研究，第一时间发布春耕种子供求与价格信息，回应社会关切，协调推进种子基地外运、销售下摆，保障市场平稳运行。

2. 精准对接落实油料扩种种源供应

专题研究会商冬油菜扩种1 000万亩种源供应，科学研判贵州、江西、安徽、湖南扩种任务大的省份局部地区、部分短生育期品种供应偏紧，加强冬油菜种子供需调度，强化省际调剂调运，保障冬油菜生产用种安全。

（三）种子市场监测

1. 监测调度体系逐步健全

指导各地新增种子市场观察点186个，全国各级种子市场观察点总量达1 600余家，涵盖31个省（区、市）及新疆兵团、1 000多个县，"部、省、市、县"四位一体的监测网络更加完善，实现了三大主粮作物重要农业县全覆盖，其他粮经作物主产区全覆盖。

2. 种情监测效能持续提升

在春耕用种和种子生产加工关键时期，及时发布春耕种子供求与价格信息，回应社会关切。全年采集各类种子价格和市场行情信息103万条，发布种情通报和信息专报33期，充分发挥种子市场监测对关键农时重点问题的支撑作用，为全年农业生产决策提供了重要参考。

3. 监测分析手段更加多样

在全国种子市场监测平台以周为单位发布全国玉米、水稻、小麦三大主粮作物种子价格指数，全面系统地反映全国三大主粮作物种子价格的总体变动水平、变动幅度、变动规律和变动趋势，服务产销两端，为市场交易提供价格参考基准。同时也为政府制定粮食种子价格补贴等提供客观依据，为提升政府宏观调控治理和种业安全预警能力提供重要支撑。

（四）种业大数据平台

1. 优化升级各业务子系统功能

根据实际需求，组织第三方对"种子生产经营许可管理系统"和"农作物种子生产经营备案管理系统"进行优化升级，举办"农作物种子生产经营备案管理系统"线上培训，约120万人次参加，生产经营备案率显著提升。新增"农作物品种试验信息与运行管理系统"特殊类型试验管理子系统，并对参试申报系统、联合体解散逻辑进行变更。建成并上线运行全球首个农作物品种DNA指纹库公共平台"全国农作物品种DNA指纹库公共平台"。完善品种权申请业务办理的在线申请和审查系统，提高信息化管理水平；研发品种权异议模块，优化审查收发文和委托测试模块，实现系统运行功能和效率提升。

2. 丰富完善数据分析利用场景

一是推进种业概貌图展示功能开发。召开两次专题会议，组织运维公司研究确定概貌图设计，以种业大数据平台各系统数据为基础，以展示我国种业发展全貌为目标，形成直观、可视化的展示界面，并通过概貌图功能开发，进一步推动各业务系统数据融通。截至2022年年底，概貌图基本框架和交互功能已基本确定，涉及的数据已梳理并实现交互，可以进行初步展示。二是推进种业统计一键出报告功能开发。组织协调各运维公司，召开三次专题会议，围绕品种、主体、种子3条主线，就一键出报告功能需求、技术路径、数据对接等关键环节进行沟通，确定数据格式与接口，开发一键出报告功能，以提高种业发展年度报告相关数据汇总和编写效率。截至2022年年底，已完成功能框架设计及数据交互接口设置。

五、南繁建设

2022年7月，农业农村部联合国家发展改革委、财政部、自然资源部等部门开展国家南繁科研育种基地规划落实情况中期评估，重点任务和重点项目建设达到或超过序时进度，南繁硅谷先导性项目加快建设，南繁基地服务全国种业创新能力不断提升。

（一）南繁基地基础条件不断完善

建成核心区配套服务区8.8万平方米，初步具备科研、办公、生活等功能，海南出台《南繁基地建筑设施分类处置意见》，截至2022年年底，南繁基地现有建筑设施合规化认定工作已全面完成，历史遗留问题基本得到解决。陵水片区南繁水利设施建设一期已竣工验收，二期工程施工进度已超10%，预计2025年3月底前完成建设。乐亚片区南繁水利工程项目实体工程已全部完工，基本解决了南繁基地现有渠道输水能力不足、年久失修、灌溉保障率不高等问题，提升了南繁育种基地的灌溉保障能力。制定实施了生物育种试验监管办法及服务指南，生物育种专区二期于2022年1月正式投入使用，一批获得农业农村部批准的转基因试验单位进入生物育种专区开展田间试验，涉及作物有大豆、玉米、水稻、棉花等作物。

（二）南繁硅谷国家创新基地建设稳步推进

南繁科技城、全球动植物种质资源中转基地等一批国家南繁硅谷建设规划先导项目开工建设，海南省崖州湾种子实验室、中国农业科学院南繁育种研究中心、农业农村部基因编辑创新利用重点实验室（海南）、三亚南繁种业科技众创中心等项目已进入实体化运行。已引进中国科学院、中国农业科学院、中国农业大学等 17 家科研院校以及中种集团、德国科沃施（KWS）等 80 余家国内外种业企业，为种业科技创新发展和南繁产业发展奠定了基础。种业创新中心、南繁作物表型研究设施、国家野生稻种质资源圃等项目正在加快建设，同步推进国家动植物基因库、国家植物品种测试三亚中心等项目前期工作。国家（三亚）隔检中心项目（一期）已完成主体建设，主要建设隔离检疫中心、植物隔离苗圃等条件设施，将为资源引进提供基础保障。三亚港南山港作为中转基地对外开放的重要组成部分，其公共查验场地已完工，联检楼工程项目正在进行收尾工作。

（三）南繁种业发展制度不断创新

种业知识产权保护力度进一步加强，农业植物新品种审查机制落地运行。2022 年 4 月 24 日，海南省委机构编制委员会批复设立海南自由贸易港农业植物新品种审查协作中心（简称"审协中心"），在海南省南繁管理局加挂牌子；7 月 27 日，审协中心揭牌。截至 2022 年年底，完成 730 余件品种权申请的受理审查工作。2022 年 12 月 9 日，海南省农业农村厅和三亚市政府在崖州湾共同设立了审协中心办事窗口，积极主动为南繁育种提供更加精准优质的服务保障，助力崖州湾科技城加快建立知识产权"一站式"综合服务体系。海南省农业农村厅会同海口海关、中国热带农业科学院印发了《进境农业植物品种隔离检疫与 DUS 测试同步开展试点方案》，进一步提高进境植物新品种开发利用效率。出台《建设三亚崖州湾科技城知识产权特区的若干扶持措施》，促进知识产权创造、运用、保护、管理和服务。

（四）南繁管理服务质量明显提升

海南省南繁工作领导小组办公室印发《关于印发南繁基层管理队伍工作职责的通知》，进一步明确南繁乡镇（区）专职人员、村级联络员工作职责，健全南繁基层管理服务协调机制，推进走好南繁管理服务"最后一公里"。在推进全国联巡联检创新案例基础上，实施了海南六市县南繁植物检疫联巡联检制度，集中开展省内联巡联检 4 次。整合南繁省份、南繁市县、重点乡镇管理力量，开展了一次集南繁登记、检疫申报、毒源植物和转基因在内的综合检查活动，完成 662 家南繁单位约 20 万亩南繁基地的检查任务。全面完成超 800 家南繁单位（含课题组）、40 种粮食和蔬菜作物、30 万亩南繁作物的产地检疫任务，推进实现南繁基地监管全面覆盖，不断织密南繁基地生物安全防护网。组织开展了南繁基地农民工高质量就业专项行动，培训人数约 4 000 人，推进新增就业人数超 2 000 人，南繁服务保障能力进一步提升。建立了重点南繁企业"一对一"对接联系机制，并在疫情期间，积极推动南繁基地复工复产，确保南繁工作顺利开展。

六、行业协会服务

（一）强化信用体系建设，积极推动行业自律

中国种子协会收集近 300 家信用企业经营数据，研究信用企业发展状况，出台《信用企业发展报告（2021）》；通过初审、专家评审、信用评价领导小组审定等程序，评审出 49 家企业信用等级，

60家中国种业信用骨干企业和20家中国蔬菜种业信用骨干企业；结合353家信用企业信用状况，撤销5家被列入失信惩戒名单、2家受到行政处罚企业的信用等级；制定小麦、玉米、青贮玉米、棉花、大豆5类作物8项团体标准，组织23家企业参与团体标准的实施试点。

（二）积极搭建交流平台，促进国内外种业合作

2022年7月27—31日，中国种子协会以"中国种业振兴·南繁硅谷崛起"为主题，在海南三亚成功举办2022中国种子大会暨南繁硅谷论坛，会议设1个主论坛、13个分论坛，行业管理、科研及企业等有关人员2 000多人参加了会议。通过第五届中国国际进口博览会，中国种子协会与中国国际进口博览局、国家会展中心（上海）和中国银行共同主办了以"共谋合作、共促发展、共求创新、共享红利"为主题的种业发展合作高端论坛。中国种子贸易协会与国际种子联盟（ISF）、荷兰种植协会（Plantum）、三亚崖州湾科技城管理局于2022年12月5—6日共同举办线上第三届国际植物遗传资源合作研讨会；积极争取并成功取得2024年亚洲种子大会举办权，初步定于2024年12月2—6日在中国三亚举办。

（三）围绕会员需求，积极开展服务

中国种子协会组织法律培训班，普及企业经营中常见法律知识，提高企业知法懂法守法能力；强化会员纠纷调解，维护企业合法权益；研究企业金融与保险需求，为《种业保险提质扩面》提供政策性建议。中国种子贸易协会梳理蔬菜种子进口免税和退税环节中的困难点，研究提出免税政策意见建议；积极与海关总署和地方海关沟通协调，帮助企业解决在种子贸易过程中的实际困难。

七、国际交流合作

日内瓦时间2022年10月28日，国际植物新品种保护联盟（UPOV）第56次理事会议上，农业农村部科技发展中心崔野韩总农艺师成功当选理事会主席，成为该组织历史上首位中国籍理事会主席。经推荐和严格遴选，我国7名专家任职国际种子联盟（ISF），派员出任UPOV远程教育中文导师。

积极参加商务部组织的中以、中瑞等商务谈判，派员出席《区域全面经济伙伴关系协定》（Regional Comprehensive Economic Partnership，RCEP）论坛、中巴研讨会、国际观赏植物和水果无性繁育育种者协会（简称"CIOPORA"）年会以及UPOV等有关会议并作了专题报告。举办中欧植物新品种保护法律法规线上研讨会、发展中国家植物新品种保护援外培训班。

联合UPOV通过推特和领英社交媒体发布中国农业植物新品种保护申请授权情况，宣传我国品种保护20多年发展成效。

附录一 2022年种子工作文件

1. 农业农村部 最高人民法院 最高人民检察院 工业和信息化部 公安部 市场监管总局 国家知识产权局 关于保护种业知识产权打击假冒伪劣套牌侵权营造种业振兴良好环境的指导意见（农种发〔2022〕2号）

2. 农业农村部关于公布国家级制种大县和区域性良种繁育基地认定结果的通知（农种发〔2022〕3号）

3. 农业农村部关于《中华人民共和国植物新品种保护条例（修订征求意见稿）》公开征求意见的通知（农种发〔2022〕6号）

4. 农业农村部关于成立第五届国家农作物品种审定委员会的通知（农种发〔2022〕7号）

5. 农业农村部关于成立第四届国家畜禽遗传资源委员会的通知（农种发〔2022〕8号）

6. 农业农村部办公厅关于印发《2022—2023年全国种业监管执法年活动方案》的通知（农办种〔2022〕1号）

7. 农业农村部办公厅关于印发《国家级农作物种质资源库（圃）管理规范》的通知（农办种〔2022〕3号）

8. 农业农村部办公厅关于扶持国家种业阵型企业发展的通知（农办种〔2022〕5号）

9. 农业农村部办公厅关于加强种子基地监管严厉打击"私繁滥制"等违法违规行为的通知（农办种〔2022〕6号）

10. 农业农村部办公厅关于加强主要农作物品种绿色通道和联合体试验管理工作的通知（农办种〔2022〕9号）

11. 农业农村部办公厅关于加快推进种业基地现代化建设的指导意见（农办种〔2022〕11号）

12. 最高人民法院关于进一步加强涉种子刑事审判工作的指导意见（法〔2022〕66号）

扫码查看文件全文

附录二 指标解释

第二篇

1. 种业专利：指涉及农作物育种、种子（苗）处理、种植、种子（苗）加工机械设备等相关的专利。

2. 传统育种：指利用杂交技术将不同但通常近缘关系比较近的物种的理想性状组合成新的品种，也指用诱变育种等获得新品种的育种技术。

3. 现代育种：指利用现代生物技术手段，如基因工程、细胞培养、分子标记等技术，对植物或动物进行基因改造和选择，以达到快速、精准、高效育种目标的育种技术。

4. 种业加工：也叫种业机械加工。是指种子脱粒、精选、干燥、精选分级、包衣、包装等机械化作业。

5. PCT：为 Patent Cooperation Treaty（专利合作条约）的简写，是专利领域的一项国际合作条约。通过 PCT，申请人只需提交一份"国际"专利申请（而不是分别提交多个不同国家或地区的专利申请），即可请求多个国家同时对其发明进行专利保护。

6. 巴黎公约：全称《保护工业产权巴黎公约》（Paris Convention for the Protection of Industrial Property），是由多个国家组成的国际组织，该组织内的成员国约定，在任何 成员国申请专利后的12个月内，可以要求该专利申请的优先权，并直接在该组织其他成员国内申请专利。

7. 影响因子：（Impact Factor，IF），即某期刊前两年发表的论文在该报告年份（JCR year）中被引用总次数除以该期刊在这两年内发表的论文总数。这是一个国际上通行的期刊评价指标。

8. 国际植物新品种保护联盟（International Union for the Protection of New Varieties of Plants，UPOV），是基于"国际植物新品种保护公约"建立的一个政府间国际组织，总部设在瑞士日内瓦，其职责是"建立和推行一个有效的植物品种保护系统，鼓励培育植物新品种，造福社会"。UPOV 现有 76 个成员，我国于 1999 年成为 UPOV 第 39 个成员。

第三篇

1. 制（繁）种面积：指统计年度作物种子生产收获面积。

2. 用种面积：在参考国家统计局播种面积的基础上，结合体系调度、企业调研和行业研判确定的评价统计年度内相应作物大田种植面积的指标。

3. 亩用种量：单位种植面积以亩计时相应作物所需的种子使用量。

4. 种子商品化率：生产者使用的种子总量中来源于市场的种子所占比例，是与农民自留种相对应的概念，用于评价种子市场化程度的指标。

5. 种子使用量：指统计年度生产者使用的种子总量，农作物种子的需求量由农作物的播种面积、单位面积播种量决定。

6. 商品种子使用量：指统计年度生产者使用的种子总量中来源于市场的种子量，用于评价种子市场化程度的指标。

7. 商品种子价格/种子市场价格/种子市场零售价格：同一组概念，指农民购买单位规格的种子所需要支付的货币量。

8. 种子市值/种子市场规模/全国种子市场总规模/种子市场/种子市场价值：同一组概念，用于评价统计年度内种子市场理论上可以实现的销售价值最大规模，即市场容量。由于种子行业的特殊性，供应端较分散，而且存在库存、中间商、代理商等难以测算的影响因素，所以本报告从需求端即终端消费者对商品种子的购买使用情况入手来进行测算，由用种面积、亩用种量、种子商品化率和种子市场价格相乘所得。

第四篇

1. 企业数量：统计年度的年末持有效农作物种子生产经营许可证且实际在经营的种子企业数量。

2. 以繁制种为主企业：指代制繁种子销售收入占种子销售收入的比例达50%及以上的企业。

3. 以销售为主企业：指销售其他企业种子收入占种子销售收入的比例达50%及以上的企业。

4. 种子销售收入：统计年度内，种子企业填报的通过种子销售获得的收入金额，在本报告的统计体系内，该指标由代制繁种子销售收入、国内销售本企业种子收入、国内销售其他企业种子收入、出口种子销售收入加和所得。

5. 代制（繁）种子销售收入：统计年度内，指本企业受他人委托为其制繁种，所获种子以原材料方式销售给委托企业所得收入。

6. 商品种子销售收入：统计年度内，种子销售收入中扣除代制繁种子销售收入的部分，即由国内销售本企业种子收入、国内销售其他企业种子收入、出口种子销售收入加和所得。

7. 国内销售本企业商品种子收入：本企业商品种子是指商品种子包装袋上的标签标注为本企业、依据《种子法》本企业需对其质量负责的种子，种子企业在国内销售该类型种子所得收入即为国内销售本企业商品种子收入。

8. 销售其他企业的商品种子收入：统计年度内，种子企业填报的销售由其他企业标签并对其质量负责的种子所得收入。

9. 转为商品粮种子销售收入：指种子不作为种子而是作为普通粮油产品进行销售所得的收入。

10. 种子企业利润/种子经营利润/种子企业净利润/种子经营净利润/种子销售盈利：参考《企业会计准则–基本准则》（2014年修订版）第8章关于"利润"的规定，净利润是指在利润中按规定交纳了所得税以后公司的利润留存，一般也称为税后利润或净收入。种子企业利润和种子企业净利润是指种子企业通过企业经营业务所实现的利润和净利润。种子经营利润和种子经营净利润特指种子企业经过种子生产经营业务所实现的利润和净利润。种子销售盈利是指种子企业通过种子生产经营实现利润值大于 0 的状态。

11. 行业利润率：即种子经营利润率，指种子经营利润与种子销售收入的比值。

12. 净资产收益率：指种子企业净利润与种子企业净资产的比值。

13. 企业科研投入／企业自主投入／财政项目投入／非财政资金投入：包括本企业科研人员的费用（含差旅费）、直接用于研发的土地租金及其设施设备费用、研发仪器设备购置费、研发成果的试验、检测及评审验收费用、科研院所或其他企业的合作研究费用、财政研发项目配套费用。按费用来源分：企业自主投入、财政项目对本企业投入、非财政资金对本企业的合作投入。

14. 规模企业：注册资本在 3 000 万元（含）以上的种子企业。

15. 骨干企业：由中国种子协会组织评定的种业信用骨干企业。

16. 各地种子企业：按省份划分的种子企业归属。

17. 职工人员／从业人员：指在统计年度末，签订劳动合同且聘期在 1 年以上员工数量。

18. 说明：（1）第四篇中全国种子企业数据的计算，除涉及数量的数据包含子公司外，其他相关指标的数据计算均考虑兼并重组和母子公司报表合并情况，子公司数据未纳入计算。（2）骨干企业相关经营指标剔除母子公司同骨干企业的子公司数据，母公司不属骨干企业的子公司数据纳入计算。（3）育繁推一体化企业相关经营指标剔除母子公司同属育繁推企业的子公司数据，母公司不属育繁推企业的子公司数据纳入计算。（4）各地种子企业按属地划分，相关指标计算未剔除子公司数据，故各地企业各类指标数据加和不等于全国企业的各类指标数据。